天津师范大学马克思主义学院学术文库

李 靖 等◎著

大学生诚信教育
生态体系建设研究

DAXUESHENG
CHENGXINJIAOYU SHENGTAI TIXI
JIANSHE YANJIU

图书在版编目（CIP）数据

大学生诚信教育生态体系建设研究 / 李靖等著 .—北京：经济管理出版社，2018. 12
ISBN 978-7-5096-6271-7

Ⅰ. ①大…　Ⅱ. ①李…　Ⅲ. ①大学生—社会公德教育—研究—中国
Ⅳ. ①G641. 7

中国版本图书馆 CIP 数据核字（2018）第 288113 号

组稿编辑：高　娅
责任编辑：姜玉满　高　娅
责任印制：黄章平
责任校对：董杉珊

出版发行：经济管理出版社
（北京市海淀区北蜂窝 8 号中雅大厦 A 座 11 层　100038）
网　　址：www. E-mp. com. cn
电　　话：(010) 51915602
印　　刷：北京玺诚印务有限公司
经　　销：新华书店
开　　本：720mm×1000mm
印　　张：15. 25
字　　数：196 千字
版　　次：2018 年 12 月第 1 版　　2018 年 12 月第 1 次印刷
书　　号：ISBN 978-7-5096-6271-7
定　　价：68. 00 元

/前　言

诚信作为一种道德修养、立身之本和处世规范，是一切道德要求的基础，是人类文明的无形资产，更是新时期我国公民道德教育的基本内容。积极倡导诚信文明，是践行社会主义核心价值观的重要体现，也是构建社会主义和谐社会的重要抓手。为此，党和国家高度重视大学生诚信教育工作，陆续出台了一系列的政策和文件，旨在推动各级各类学校建立培育和践行诚信的长效机制。然而，我国正处于经济社会转型期，诚信缺失的现象在社会上较为普遍，作为社会主义事业接班人的大学生也不同程度地受到诚信危机的影响，出现各种各样的失信行为。由此可见，如何构建大学生诚信教育生态系统，既是丰富高等院校思想政治教育和德育教育、形成诚信教育长效机制的应有命题，更是构建和谐社会、实现中国梦的时代课题。

本书从生态学角度，回归教育对象的自然人本质，并置于一定生态环境中，综合复杂性理论、心理学、社会学和组织行为学等多学科内容，从家庭教育、学校教育、社会教育和自我教育四个方面，从“主体、客体、介体、环境”四位一体的角度，构建了大学生诚信教育生态系统，分析了大学生诚信教育生态系统的形成机理和大学生诚信教育生态系统影响因素的作用路径及作用机理，构建了大学生诚信教育生态系统的评价指标体系和评价模型，并提出了构建大学生诚信教育生态系统的对策建议。从合规律性和合目的性角度，丰富和拓展了诚信教育理论，实现了历史起点和逻辑起点的统一，以及理论研究与本书宗旨的统一。主要有以下结论：

一是大学生诚信教育系统应该从单独注重诚信体系内部要素转为关注系统内部各要素之间以及与外部环境之间的相互作用，将系统内外的诸多要素整合起来，构建大学生诚信教育生态系统，激发诚信教育内在活力。

二是经济动因、生态动因和自我完善与发展动因是大学生诚信教育生态系统形成的主要动因，师生关系、生生关系、亲子关系和家校关系是其形成的内在机理，而且具有激发大学生主观能动性、优化教育内容和净化教育环境三大功能。

三是诚信教育与其他道德教育相结合的横向协同机制，诚信教育的连续性与阶段性相统一的纵向协同机制，大学生自我教育与诚信自律的内控机制，大学生信用制度和诚信管理机制，社会教育、学校教育、家庭教育和自我教育联动机制，是大学生诚信教育生态系统的五大构建机制。

四是社会环境对大学生的诚信实践和诚信认知有显著正向影响；教师的诚信行为对大学生诚信教育生态有着正向影响，同时对大学生诚信实践有着显著的正向影响，但影响力有限；诚信管理制度对大学生诚信教育生态系统有显著的正向影响且影响程度最大，并且不仅对大学生的诚信实践产生正向影响，而且对大学生的诚信意识也具有不可忽视的影响；大学生诚信实践对诚信教育生态系统有着正向影响；大学生的诚信意识对诚信教育生态的影响不显著。

主要创新之处有：

一是构建了“大学生诚信教育生态系统”。引入生态学理论，从家庭教育、学校教育、社会教育和自我教育四个方面，从“主体、客体、介体、环境”四位一体的角度，分析了大学生诚信教育生态系统的形成机理，设计了大学生诚信教育生态系统的五大机制，这些大大推进了大学生诚信教育研究，丰富了有关诚信的理论内容。

二是分析了高等院校诚信教育生态系统影响因素的作用机理。采用结构方程模型（SEM）方法，分析不同因素对大学生诚信教育生态系统的作用路径和效果。本书为诚信教育主体提高诚信教育的效果、高等院校优化其诚信教育生态系统明示了路径，提高了措施的针对性和合理性。

三是构建了大学生诚信教育生态系统评价模型。通过该模型的运用，用定性和定量相结合的方法评价大学生诚信教育生态状况，本书有助于社会教育、学校教育、家庭教育和自我教育形成教育合力，提高大学生诚信教育的针对性和有效性，也为其逐步与社会征信系统相对接创造条件。

/目　录

1

绪论

1.1 研究背景

诚信作为一种道德修养、立身之本和处世规范，是一切道德要求的基础，是伦理道德建设的底线。诚信也是人类共同追求的一种美德，是人类文明的无形资产，更是新时期我国公民道德教育的基本内容。作为中华民族的传统美德，诚信广泛存在于经济社会发展的各个领域，并突显着重要价值。积极倡导诚信文明，是践行社会主义核心价值观的重要体现，也是构建社会主义和谐社会的重要抓手。诚信对于国家建设接班人和未来发展新领军者的大学生来说，既是立身之本，也是必备的品质要求，大学生的诚信状况，关系到中国梦的实现、和谐社会的实现和我国的国际形象。

为此，党和国家高度重视大学生诚信教育工作，先后出台了一系列的政策和文件。中共中央、国务院《关于进一步加强和改进大学生思想政治教育的意见》提出，要加强大学生诚信教育。《公民道德建设实施纲要》规定，公民要“明礼诚信”。2006 年胡锦涛同志在第十届中国人民政治协商会议第四次会议中指出，青少年要“以诚实守信为荣，以见利忘义为耻”。“诚实守信”是社会主义和谐社会的重要内容。党的十七届六中全会提出，“把诚信建设摆在突出位置，大力推进政务诚信、商务诚信、社会诚信和司法公信建设”。在党的十八大会议上，习近平总书记提出社会主义核心价值观，“诚信”二字被正式纳入社会主义核心价值观的范畴，更加凸显了其在当前社会发展中的重要地位和作用，这既是对我们当前工作提出的最新理论指导，更是对我们未来工作指明的前进方向。

此外，教育部陆续出台多个文件，旨在推动各级各类学校建立培育和践行社会主义核心价值观的长效机制。《高等学校学生行为准则》提出，大学生要“诚实守信、严于律己”。《国家中长期教育改革和发展规划纲要（2010—2020 年）》要求广大学生应“培养团结互助、诚实守信、遵纪守法、艰苦奋斗的良好品质”。《中共教育部党组 共青团中央关于在各级各类学校推动培育和践行社会主义核心价值观长效机制建设的意见》（教党〔2014〕40 号）明确提出，要探索和建立大学生诚信档案，签订学生校园诚信承诺书，内容涵盖学业诚信、学术诚信、经济诚信、就业诚信等，并将诚信档案作为大学生思想政治教育测评的重要依据。教育部于 2015 年 11 月重新修订的《普通高等学校学生管理规定》更是首次将诚信教育写入管理规定，对失信学生可给予警告直至开除学籍等处分。

诚信既是新形势下对大学生道德素质提出的基本要求，也是其自身成长的必备素质。然而，我国正处于经济社会转型期，诚信缺失的现象在社会上较为普遍；大学生作为社会主义事业的未来建设者和接班人，也不同程度地受到诚信危机的影响，出现各种各样的失信行为。由此可见，大学生诚信教育生态系统的构建和理论研究，既是丰富高校思想政治教育和德育教育、探索知行合一形成诚信教育长效机制的应有命题，更是构建和谐社会和实现中国梦的时代课题。

1.2 研究的理论意义和实践价值

诚信教育是高校思想政治教育和德育教育的主要内容，对大学生的道德品质、人格塑造有着深远的影响。加强大学生诚信教育，培养优良的诚信品德，为大学生步入社会夯实良好的诚信基础。因此，构建大学生诚信教育生态系统具有重要的理论意义和实践价值。

1.2.1 理论意义

基于国内外诚信教育的现状和经验教训，从生态学角度，回归教育对象的自然人本质，并置于一定生态环境中，综合复杂性理论、心理学、社会学和组织行为学等多学科内容，从社会教育、学校教育、家庭教育、自我教育四个方面，从“主体、客体、介体、环境”四位一体的角度，分析了大学生诚信教育生态系统的形成机理，构建了大学生诚信教育生态系统。从合规律性和合目的性角度，丰富和拓展了诚信教育理论，实现了历史起点和逻辑起点的统一，以及理论研究与本书宗旨的统一。

1.2.2 实践价值

（1）有利于更好地推进诚信教育这项工程。

纵观我国高校诚信现状，大学生诚信缺失的现象已普遍存在。因此，深入探讨解决当代大学生诚信教育的问题，挖掘和梳理传统的诚信道德教育观，继承优秀的道德精神遗产，对当代高校诚信教育生态系统建设具有重要的借鉴和启迪作用。同时，针对大学生诚信问题产生的原因建立大学生诚信教育生态系统，不仅是建设诚信社会的重要内容，更是当前高校思想教育工作的迫切需求。

（2）有利于全社会诚信体系建设。

大学生是社会群体的一部分，是社会未来建设的中流砥柱。这一群体的道德基准、知识水平不仅关系到当前社会能否良好发展，在一定程度上更影响着整个国家和社会未来的发展前景。因此，大学生诚信教育生态系统建设对于诚信社会建设具有指向性作用，它直接受制于且反作用于整个社会的诚信环境。

（3）有利于社会主义市场经济体系建设。

信用是社会主义市场经济的基石，市场主体诚信是市场经济的内在要求和客观需要。当前市场主体失信行为的负面影响已严重阻碍了社会主义市场经济发展的进程。大学生作为社会主义市场经济的未来主体，其诚信状况关系到社会主义市场经济的健康运行和秩序维护。

（4）有利于全面实施科教兴国和人才强国等战略。

大学生诚信缺失已引起社会高度关注。大学生作为我国社会主义经济建设的中坚力量，肩负着振兴中华的历史使命，必须具备诚信的品质。大学生的诚信状况会对我国社会生活和经济建设、实现全面建成小康社会的目标产生极大的影响，因此，大学生诚信教育生态系统建设具有重要的战略意义。

（5）有利于和谐社会的构建。

诚信是和谐社会的黏合剂和催化剂，从某种意义上说，没有诚信就没有和谐社会。大学生不仅是社会的主要群体，更是构建和谐社会的重要力量，大学生诚信素养是和谐社会持续发展的主要动力。因此，大学生诚信教育对构建和谐社会具有战略意义。

1.3　国内外研究现状

1.3.1　国内研究现状

国内学者对诚信的研究起步于 21 世纪初期，研究的领域比国外更加宽泛，研究成果颇丰，主要从以下五个方面研究大学生诚信教育问题：

（1）关于诚信内涵的研究。

关于诚信内涵的界定，诸多学者从不同视角进行了不同的研究，主要有以下几类：一是从心理学角度界定诚信的内涵。吴继霞、黄希庭（2010）从人格心理学的角度对诚信做了界定，认为诚信是个体表现出的比较稳定的“心理品质和行为倾向”，并且始终“以诚实、信用、信任为核心”。此后，吴继霞、黄希庭（2012）又做了更为详细的解读。二是从法学角度界定诚信的内涵。比较典型的是付子堂、类延村（2013）从道德结构、政治情境、法律场域三个维度来理解“诚信”。三是从伦理学角度对诚信做了界定。徐大建、赵果（2014）从社会经济伦理角度把诚信分为了四层含义来理解，即“言行的真实、内心的真诚、承诺的坚守以及外在的信任”。四是从政治学角度定义诚信。叶祖淼（2011）从政治学角度对诚信进行比较深入的分析；阮博（2013）进一步归纳了近年来相关的政治学角度的“诚信内涵”。此外，还有学者从社会学角度、经济学角度和哲学角度对诚信做了界定。因此，应该从多维度理解诚信的内涵，诚信具有多重属性。

（2）关于诚信教育内涵的研究。

由于不同学者研究视角不同，其界定的诚信教育内涵也不同，主要有广义和狭义之分。一是狭义的诚信教育，属于狭义道德教育范畴。刘震（2012）认为诚信教育是一种人格教育，是道德教育的重要组成部分。二是广义的诚信教育，是除了狭义的诚信教育之外，还包括社会伦理道德教育和德育范畴中的法制教育。许瑞芳（2002）认为诚信教育应是社会伦理教育，属于公民道德教育的范畴；高云志（2010）从德育品质教育、公民诚信道德教育和诚信法制教育三个方面来解释诚信教育的内容；刘继荣（2011）认为诚信素质包括诚信认识、诚信行为及诚信情感三方面内容。

（3）关于大学生诚信教育功能的研究。

绝大多数学者是从宏观角度分析大学生诚信教育功能。邓凤香（2008）从中华传统美德的弘扬、高等教育目标的实现、健全人才培养、促进道德建设等方面对大学生诚信教育的功能进行了分析；李嘉（2007）从和谐社会发展、提升大学生素质、实现人才强国、信息时代的客观要求等方面对大学生诚信教育的功能进行了全面阐释；高云志（2010）指出大学生诚信教育在应对西方文化思潮和价值观念冲击时有不可估量的作用；王金龙（2007）提出诚信是一切道德的基石，大学生诚信教育是构建和谐社会不可或缺的一部分。

（4）关于大学生诚信缺失现状和成因的研究。

多数学者认为当前大学生诚信缺失表现在思想、学习、生活、就业、人际交往等方面。徐峰（2003）指出了大学生存在旷课、作弊、学术造假等不良现象；李宗桂（2006）则进一步从学术诚信、考试诚信、社会诚信和人际交往方面进行分析；吕伟珊（2006）更加细致地列出了大学生诚信缺失的具体表现。此外，金炳烨（2006）、索凯峰（2006）等从学习、生活、就业这些具体方面加以阐述。随着新媒体的出现，王永辉、蔡雅萱、李春晖（2010）提出"网络道德缺失"问题成为大学生诚信缺失的又一突出表现。

大多数学者对大学生诚信缺失的原因分析，总体上是从个体、家庭、社会、学校角度出发，对内部与外部原因同时进行分析。刘志超（2009）分析了影响大学生诚信道德的主客观因素；赖肖曼（2006）认为大学生缺少独立法律主体地位可能导致其失信行为；杜坤林（2011）深入分析了大学生诚信道德缺失的诱因，提出信仰缺失是我国诚信缺失的深层精神原因；杨阅、赵海月（2008）认为大学生诚信缺失的根源在于现实境遇与价值选择的矛盾；周文翠（2009）认为在由封闭向开放的转型中，价值观念的日趋多元导致了诚信价值的弱化；旺珍（2011）提出大学生在教育投入与产出方面发生心理失衡导致对物质的过度追求，进而诚信缺失。还有学者对大学生诚信缺失的影响因素进行了定量分析，如李洪伟、宋平、王炳成（2011）基于层次分析法，构建了大学生诚信的影响因素指标体系，并通过决策试验与评价实验室方法，揭示了心理因素是大学生诚信的关键影响因素；李洪伟、王炳成、陶敏（2012）通过建立结构方程模型验证了影响大学生诚信的五个因子，包括校内利益分配、个人期望、社会环境、网络环境和恋爱。

（5）关于大学生诚信教育体系建设的研究。

大多数学者从教育者的视角、以高等院校为主要出发点提出了大学生诚信教育的各种途径。刘静（2010）认为应构建以“正义与关怀”为核心的大学生诚信教育理念；王建州（2014）强调制度在大学生诚信品质培育中的作用；顾慕娴（2008）同样提出制度的重要性，同时又强调要正确处理“自律”和“他律”之间的关系；何小春（2009）、谢怀平（2016）也强调了自律的重要性，并构建了诚信自律机制。金春寒等（2015）提出建立大学生诚信档案；管文娟、吴继霞（2005）还提出了树立榜样的作用；李宗桂（2006）、张雷婷（2012）从体制角度提出要加强道德规范教育、建立并完善社会诚信机制、改良社会环境来增强诚信教育；徐柏才（2008）认为要把诚信教育与社会实践结合起来，做到知行统一；陈锡敏（2011）提出大学生诚信教育需从心理、道德和法律三个维度展开；汤华成、刘佳丽（2013）探讨了网络环境下大学生诚信教育模式；孔难难、张博（2015）在分析大学生诚信教育困境的基础上，提出了从激发大学生的内在需求、提高教育综合水平、集成教育内容、优化教育方法、优化环境五个方面优化诚信教育。

在构建大学生诚信教育体系方面，诸多学者进行了探讨。陈卫平（2008）提出从营造良好的校园诚信环境、把诚信教育纳入思想政治课、强化教师的示范作用、开展各种诚信实践活动、加强诚信制度建设、注重诚信大环境的建设六个方面建立大学生诚信教育体系。马安勤、马骏、杨志群（2008）从机制设计的角度指出，现代诚信教育理念、诚信教育的制度和实践机制，以及家庭、社会、学校的联动机制构成了大学生诚信教育的体系。王雪岩（2015）则在社会信用体系下，从树立大教育观、加强师德建设、建立大学生诚信档案制度、与法制教育相结合四个方面构建了大学生诚信教育机制。汪倩（2014）提出从完善诚信制度、丰富教育内容、拓展教育途径和优化教育环境四个方面加强大学生诚信教育。张萌（2013）从学校教育者的角度提出，从完善诚信教育内容、改进教育方法、丰富教育活动、构建诚信教育机制四个方面加强大学生诚信教育。肖艳红（2013）从高等院校的角度构建了大学生诚信教育体系。张鑫（2015）提出在充分发挥学校教育的主导作用基础上，利用好社会教育、家庭教育、自我教育和网络教育。

在大学生诚信品质评价方面，研究成果也较多。何芹（2008）、张文学（2016）从学习、经济、生活和择业四个方面建立大学生诚信品质评价体系，并用综合模糊评价法构建了评价模型。在此基础上，郭敬、张学娟（2010）将隐形诚信纳入大学生诚信评价指标体系。此外，何玉娟（2009）从诚信行为和诚信认知两个方面来构建大学生诚信品质评价体系。

近几年来，随着生态系统理论的发展，有些学者基于此提出了建立大学生诚信教育有效机制。何小春（2009）依据生态学的原则，设计了大学生诚信教育的五大机制。温浩（2010）则认为应该构建高校大学生诚信教育的有效机制，并且构建一个完善的诚信教育体系。刘静（2011）分析了大学生诚信教育生态链的形成机理，并分析了该生态链对大学生诚信教育的优化作用。陈勇（2013）提出了构建学校教育、家庭教育、社会教育和大学生自我教育“四位一体”的大学生诚信道德教育模式。周文翠（2009）从德育的“主体、客体、介体和环境”四个维度构建了大学生诚信教育的四维网络。唐武英（2014）在对大学生诚信问题的影响因素进行实证分析的基础上，立足于微观心理系统、中观家庭系统和学校系统、宏观社会系统提出“宏观—中观—微观”一体化建设的建议。

1.3.2 国外研究现状

国外关于诚信的研究成果颇丰，早期的研究视角主要集中在哲学、宗教领域，随后深入到社会学、伦理学、心理学、经济学、教育学等。对大学生诚信的研究，主要集中在学术诚信方面，研究方法以问卷调查实证分析为主、规范分析为辅。国外关于诚信的研究主要集中在以下几个方面：

（1）关于诚信内涵的研究。

国外对诚信问题的研究主要集中在大学生学术诚信方面。美国学术研究中心认为大学生的学术诚信是指“即使在逆境中也必须对五种基本价值观做出的一种承诺，即诚实、信任、公平、尊敬与责任”。1921 年斯坦福大学认为学术诚信是教师与学生两方面的承诺，在 1985 年又指出学术诚信不仅要求在学生、教师与管理者三者的共同努力下用正确的方法阻止违反标准的行为发生，而且需要学生理解与支持该标准。与此不同，相当多的机构或学者从反面对学术诚信进行解读，William L. Kibler 等（1993）将学术不诚信定义为“各种形式的欺骗和剽窃，同时包括学生在学术活动中提供或介绍未经允许授权的帮助，或接受不属于自己的工作荣誉”；此外，华盛顿大学、耶鲁大学等高等院校以及美国高校学生人事行政管理人员学会手册、美国总统科技政策办公室、维基百科等也给出了类似的解释。

（2）关于诚信现状的研究。

国外对大学生诚信现状的研究最早在 1964 年，Bill Bowers 对美国 99 所高等学校 5000 名大学生的学术诚信进行调查，结果表明 75%的大学生成人有学术不诚信行为①。随后，Valerie 等（1986）对得克萨斯州一所州立大学的 380 名大学生的学术诚信水平进行调查，发现 54.1%的学生存在学术欺骗行为。Randy 等（1995）对加拿大皇家山学院 365 名大学生进行调查，结果显示 83%的学生有作弊行为。De Witt C. 等（1996）对 31 所高校的二年级药学类大学生的调查结果表明仅有 5%的学生承认在学习生活中有学术欺骗行为。Zubin 等（2006）对加拿大药学类大学生的调查结果显示超过 80%的大学生至少有一次学术不端行为。Mccabe 等（1997）开展了第二次大规模调查，调查结果显示美国大学生学术失信行为较为严重，态度趋于恶化。此外，Mian 等（2011）对来自不同学校的 1000 名巴基斯坦大学生的学术诚信进行调查，发现超过 60%的学生有学术不诚信行为。上述资料显示，国外大学生的学术不诚信行为比例在 50%~85%之内波动，整体学术诚信水平并不乐观。

（3）关于诚信教育内涵的研究。

从 20 世纪 80 年代起，诚信教育也成为西方社会各界广泛关注的一个焦点话题，包括社会学家安东尼·吉登斯（A. Giddens）、巴伯尔（Barber）、刘易斯（Lewis）等；组织行为学中的曼卡霍夫（Menkhoff）、詹德（Zand）、泰勒（Tyler）等②。Graham Haydon（2004）指出，诚信教育可以看作是人们共同提高道德环境质量的重要途径，并且强调了教师在德育中的重要作用；Phyllis Curtis-Tweed（2004）认为诚信教育是德育的一部分；Jennifer（1999）把诚信教育分成三步，即了解诚信、理解诚信、拥抱诚信；David

① 刘强，吴新平．美国大学生学术诚信研究述要［J］．石河子大学学报：哲学社会科学版，2010，24（1）：74-77.

② 肖艳红．构建大学生诚信教育体系的研究［D］．大庆：东北石油大学，2013.

（2003）、Gilnes Jane 等（2003）从宏观角度强调诚信教育的重要作用。Dzhaparova（2005）对日本诚信教育进行了研究，认为日本诚信教育是从始至终的，家长、学校都严格要求学生诚实守信，企业更是将诚信作为立足之本，大多数学生养成良好的诚信品质，整体征信状况比较好。

（4）关于诚信影响因素的研究。

国外学者对诚信影响因素的研究主要集中在对大学生学术诚信影响因素的实证分析上，其研究成果主要集中在影响大学生学术诚信的内因与外因两个角度。

内因层面主要表现在性别、年龄、专业、心理、诚信意识等方面。De Witt C. 等（1996）、Albert 等（2000）、Mian 等（2011）通过调查发现，女性的作弊比例高于男性，而 Stephen 等（1995）、Randy 等（1995）的研究结果则与之相反。Valerie 等（1986）、Mian 等（2011）、Donald 等（1993）的研究表明，年龄也会影响大学生的学术诚信水平，年龄越小，学术诚信水平越低。Mian 等（2011）的研究成果显示，商业类大学生诚信水平最高；盖洛普公司 2006 年的调查表明，护理专业大学生的诚信水平最高。Judith 等（1998）的研究表明，宗教信仰与学术诚信之间存在一定的关系，但是关联程度较弱。Kiler 等（1993）的研究发现，大学生的自尊心是诱发其学术诚信缺失的重要原因，较低的自尊心会让人缺乏自信从而依赖外界对自己的评价，害怕失败，进而导致学术不诚信。Stephen F. Davis 等（1992）、Kenedy Peter 等（2008）的调查研究发现，大学生的学术诚信意识也是影响其学术作弊行为的重要因素。

外因层面主要表现在社会、学校和家庭三个方面。在社会方面，Valerie 等（1986）、Donald 等（1993）、Randy 等（1995）、Albert 等（2000）的研究表明，中和思想、社会习得和社会规范缺失等因素会影响大学生的学术诚信水平；在学校方面，Donald 等（1993）、Randy 等（1995）、De Witt C.

等（1996）、Zubin 等（2006）、Erik 等（2008）的研究指出，高校信用体系、诚信缺失惩罚、同学示范、教师监考、师生互动、课程内容等因素会影响大学生的学术诚信水平；在家庭方面，Valerie 等（1986）、Randy 等（1995）、Stephen 等（1995）则发现学生的家庭经济依赖、家长学业压力、是否独生子女等因素对大学生的学术诚信行为有影响。

此外，Valerie 等（1986）基于问卷调查结果，运用相关和逐步判别分析，找到了影响大学生诚信的因素，并结合因子分析方法，挖掘出影响大学生诚信的三个潜在因子，即大学生的成熟度、自身学习的努力程度及中和思想；Donald 等（1993）基于多元回归分析的结果表明，诚信示范对大学生的学术诚信缺失影响最大；Randy 等（1995）采用主成分分析的方法得到了影响大学生学术诚信的五个主成分，即考试作弊带来的后果、学习压力、教师的品格、社会规范、学生对课程的兴趣度。Tamera 等（2006）构建了失信动机理论框架，从产生失信行为动机的角度来解释大学生学术不端行为，认为外在学习目标比内在学习目标作弊倾向大。

（5）关于大学生诚信缺失对策的研究。

国外尤其是教育水平领先的国家极为重视大学生诚信教育问题，提出了诸多积极的应对策略，Charles Lipson 的《诚实做学问：从大一到教授》一书指出规范的引注是避免学生剽窃的主要方法[①]；Jennifer 等（2012）对美国大学生诚信进行研究，研究结果显示建立诚信档案的大学生比未建立诚信档案的大学生失信行为更少，其诚信档案的执行也较严格；MaCabe 等（1999）指出大学学术文化是决定学生学术是否作弊的主要因素，因此高校应该加强学术诚信文化建设，建立荣誉制度，进而提高大学的学术诚信氛围；杜克大学则认为教师在控制学生学术不诚信行为方面的作用发挥还不

① 姜小平．美国大学生学术诚信教育及启示［D］．石家庄：河北师范大学，2012.

充分，需要通过赋予老师一定的权力来控制学生的学术诚信缺失行为①。Victor B. Brezik（2003）从高校教育、学生自身约束方面提出加强诚信教育的必要性；张俊（2003）介绍了美国、德国、日本学校的具体做法：在美国，诚信教育从幼儿时期就已经开始，在波士顿大学的教材中，诚信教育是作为基础教育的一部分而出现的；在日本，诚信教育贯穿人的一生，并且以校训、格言的方式影响着日本学生；德国则是十分重视家庭诚信教育，要求家长必须为孩子树立榜样，以日常行为教育孩子们的诚信。美国的诚信比学习成绩更重要，而瑞士则是将诚信放在了法律中。

1.3.3 述评

国外诚信主要源于“契约”精神，和西方文化、制度、法律体系有着紧密的联系，在诚信教育中也呈现出一定的“契约”性特点。国外学者关于大学生诚信问题的研究，主要集中在学术诚信，更强调培养大学生诚信自律，但也认为应该针对失信行为采取恰当有效的惩罚措施，以起到警示作用。

总体来讲，国内关于诚信的研究处于初级的探索阶段，虽然研究面更宽泛，但是研究成果还是较分散。国内学者对大学生诚信问题及其产生的原因进行了全面而深刻的分析，许多学者就如何构建大学生诚信体系提出了不同意见，这些研究给本书提供了宝贵的思路。

从已有文献中发现，绝大多数学者是从教育者的角度、以学校为出发点提出如何加强诚信教育；很少有学者从系统论和生态系统的视角来看待大学生诚信体系构建这个问题，在体系的构建上有一定的局限性；已有文献大多是侧重于用某种方法、某一方面来解决问题，这样很容易造成孤立

---

① Duke gives faculty power to academic cheating [J]. National On Campus Report, 2004, 32 (5): 2.

地看待问题，缺乏一定的系统性。

因此，本书以生态系统为理论基础，从单独分析诚信体系内部要素转为关注系统内部各要素之间以及与外部环境之间的相互作用，将系统内外的诸多要素整合起来，激发诚信教育内在活力，构建大学生诚信教育生态系统，分析诚信教育生态系统的形成机理、构建机制、影响因素的作用路径和评价体系，并提出构建大学生诚信教育生态系统的对策建议。

1.4 研究内容与思路

1.4.1 研究内容

基于创新生态的视角研究大学生诚信生态教育体系的构建，主要章节的安排和内容分布如下：

第 1 章，绪论。主要围绕研究目的对选题依据进行阐述，提出大学生诚信教育生态系统的概念作为本书研究对象。在此基础上，从理论和实践两个层面阐述了研究意义。通过诚信内涵、诚信教育、影响因素、缺失原因、教育体系的构建等相关文献的梳理和回顾，找到本书的研究起点和研究视角。沿着主线介绍了研究思路、技术路线、研究方法和主要创新之处。

第 2 章，诚信与诚信教育概述。从诚信的内涵和历史沿革引出大学生诚信，介绍了大学生诚信的内涵；从诚信教育的内涵和特点出发，介绍了大学生诚信教育的内涵和特点，进而明晰了大学生诚信教育的重要性及紧迫性。

第 3 章，大学生诚信现状分析。通过对比国内外大学生诚信发展现状，指出大学生诚信缺失的表现，分析了诚信缺失的危害和原因，并探讨了诚信教育的发展趋势——诚信教育生态系统。

第 4 章，大学生诚信教育生态系统的形成机理。在生态系统的视阈下，分析了大学生诚信教育生态系统的形成条件、动力基础、内在机理和优化功能。

第 5 章，大学生诚信教育生态系统的构建机制。以生态系统为理论基础，设计了构建大学生诚信教育生态系统的横向协同机制、纵向协调机制、内控机制、诚信管理机制、联动机制。

第 6 章，大学生诚信教育生态系统影响因素的实证分析。以生态系统为理论基础，构建了“主体、客体、介体、环境”四位一体的大学生诚信教育生态系统评价指标体系；通过对调查问卷数据的处理，采取结构方程（SEM）构建了模型，分析了影响因素的作用路径和效果。

第 7 章，大学生诚信教育生态系统评价。介绍了评价指标的设计原则，在已有文献和调研的基础上，构建了大学生诚信教育生态系统评价指标体系，以综合模糊评价方法构建了大学生诚信教育生态系统评价模型，并对各地区的大学生诚信教育生态现状进行了评价。

第 8 章，案例分析。以天津师范大学为例，介绍了其构建诚信教育生态系统的经验和诚信教育效果，并分析了对其他高等院校在诚信教育生态系统建设的启示。

第 9 章，构建诚信教育生态系统的对策建议。设计了大学生诚信教育生态系统构建的顶层设计、构建思路和战略重点，并提出了相应的对策建议。

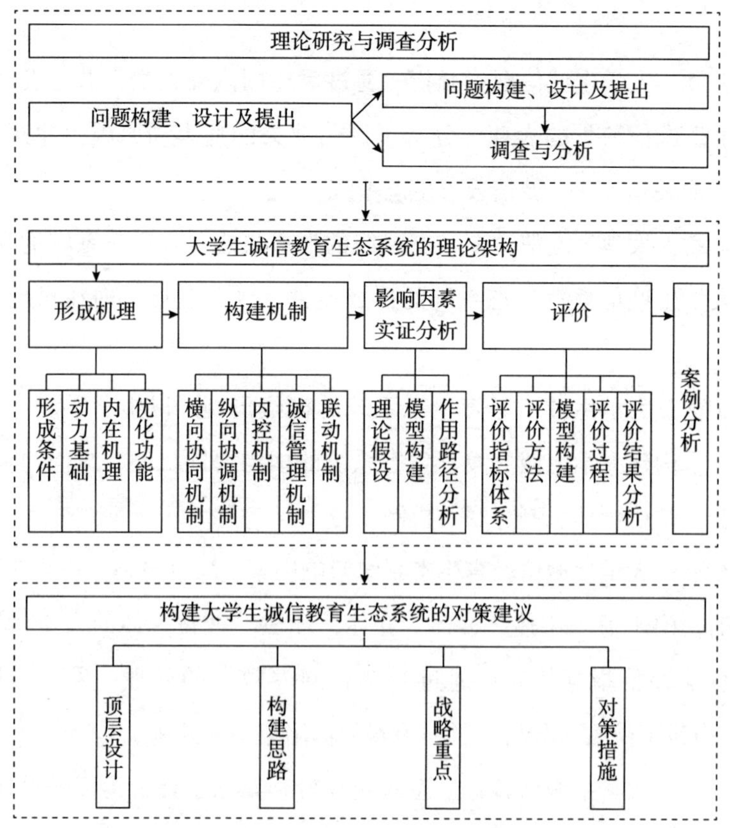

图 1-1 研究内容框架图

1.4.2 研究思路

（1）提出问题。

以“破”为主，对有关诚信与大学生诚信、诚信教育、生态理论等方面进行研究，切入研究主题。对大学生诚信现状进行调查分析，分析当代大学生诚信教育的现状和问题症结所在，明晰了诚信缺失的表现、原因和危害，并探讨了大学生诚信教育的趋势，明确研究任务的重要性和紧迫性，以及体系设计和对策措施的可行性。

（2）分析问题。

以“立”为主，是本书最为重要的理论基础部分。从“主体（教育者）、客体（教育对象）、介体（教育目标、内容、途径和方法等）、环境”四位一体的角度，分析了大学生诚信教育生态系统的四个形成机理，设计了大学生诚信教育生态系统的五大构建机制。阐述研究内容的规范性和实证性，以此探讨研究内容的历史逻辑和理论逻辑的统一。

（3）讨论问题。

实证分析了大学生诚信教育生态系统影响因素的作用路径和影响程度；构建了大学生诚信教育生态系统评价指标体系及模型，并对大学生诚信教育生态系统整体和各地区的现状进行了评价；此外，还以天津师范大学为例，分享了其在构建诚信教育生态系统过程中的经验。通过模型构建、实证研究和案例研究，对诚信教育效果进行评估、对影响因素进行分析，深入讨论诚信教育生态系统设计的可行性问题，即合规律性与合目的性的统一。

（4）解决问题。

从引导大学生自身“自律”、优化家庭诚信教育的基础地位、强化高校诚信教育的主导作用、深化社会诚信教育的保障机制建立“四位一体”大学生诚信教育生态系统，进而构建了大学生诚信教育生态系统的顶层设计、构建思路、战略重点，并提出相应对策建议，最终实现理论研究与本书宗旨的统一。

1.5 研究方法

（1）问卷调查和现场访谈相结合。

遵循抽样调查的方法，在全国选取 21 所高等院校的在校大学生作为调查对象进行问卷调查，调查内容涉及大学生诚信教育的社会、学校、家庭和大学生多个维度，充分了解当代大学生对于诚信问题的理解和态度、诚信现状、影响诚信的因素，以及学生和教育工作者对当前我国诚信教育的意见和建议。同时，在天津师范大学等高等院校进行现场访谈，其面对面和灵活性特点能够在一定程度上弥补问卷调查不能针对某些问题进行深入探讨的弊病，能够得到更加全面、真实的信息。

（2）大数据分析法和比较分析法相结合。

运用现代互联信息技术，对大学生诚信进行大数据收集，对取得的调查数据进行处理和分析，保证数据的真实性和完整性。在研究大学生诚信教育生态系统时，将从中外诚信概念的历史渊源、现代内涵以及中外大学生诚信教育的现状和特点进行比较，同时进行比较全面、客观、系统的分析，以便借鉴国外诚信教育的成功经验，为构建我国大学生诚信教育生态系统提出理论依据与实践方式。

（3）实证研究与案例研究相结合。

引入生态学相关理论，从社会教育、学校教育、家庭教育、自我教育四个方面，构建了大学生诚信教育生态系统评价指标体系，采用模糊综合评价法，构建大学生诚信教育生态系统评价模型；从“主体、客体、介体、环境”四个方面，分析了构建高等院校诚信教育生态系统的影响因素，并对调查问卷所收集的数据，采用结构方程模型（SEM）方法，利用 AMOS 软件对调查问卷所收集数据进行统计分析，验证理论假设和概念模型的正确性，分析不同因素对大学生诚信教育生态系统的作用路径和效果。同时，以天津师范大学为例，分享了天津师范大学在构建大学生诚信教育生态系统过程中的经验。

（4）跨学科交叉分析法。

大学生诚信教育体系建设是一项复杂性系统工程。因此，综合运用生态学、教育学、心理学、社会学、组织行为学、制度变迁理论、博弈理论等学科和分析工具的最新研究成果进行有效融合与创新，分析了大学生诚信教育生态系统的形成机理，设计了大学生诚信教育生态系统的五大构建机制，探索了高校大学生诚信教育生态系统的路径选择。

1.6 创新之处

主要有三大创新之处：

一是构建了大学生诚信教育生态系统。引入生态学理论，综合复杂性理论、心理学、社会学和组织行为学等多学科内容，从家庭教育、学校教育、社会教育和自我教育四个方面，从“主体、客体、介体、环境”四位一体的角度，分析了大学生诚信教育生态系统的形成机理，设计了大学生诚信教育生态系统的五大构建机制，这些大大推进了大学生诚信教育研究，丰富了有关诚信的理论内容。

二是分析了高等院校诚信教育生态系统影响因素的作用机理。采用结构方程模型（SEM）方法，分析不同因素对大学生诚信教育生态系统的作用路径和效果。本书为诚信教育主体提高诚信教育效果、高等院校优化其诚信教育生态系统明示了路径，提高了措施的针对性和合理性。

三是构建了大学生诚信教育生态系统评价模型。通过该模型的运用，用定性和定量相结合的方法评价大学生诚信教育生态状况，有助于社会教育、学校教育、家庭教育和自我教育形成有机系统和教育合力，提高大学生诚信教育的针对性和有效性，也为其逐步与社会征信系统相对接创造条件。

2

诚信与诚信教育概述

诚信是做人的基本准则，也是支撑人类社会正常运转的基本道德规范；诚信教育是一种道德认知教育，最根本的方式是对人性善的引导。本章从诚信的内涵、历史沿革出发，介绍诚信教育和大学生诚信教育的内涵和特点，进而分析大学生诚信教育的重要性及紧迫性。

2.1 诚信与大学生诚信

2.1.1 诚信

2.1.1.1 诚信的内涵

诚信，是“诚”和“信”的组合词，就是以真诚之心，行守信之事。《说文解字》对“诚”“信”定义如下：“诚，信也；信，诚也。”“诚”即诚实、诚恳，侧重于“内诚于心”，强调主体内在的真诚品质；“信”即信用、信任，侧重于“外信于人”，是主体的诚的外化。“诚”与“信”是意义相通、可以互相解释的同义概念①。

“诚”与“信”的起源不尽相同，二者的内涵与意义存在着微妙的差别。在上古时期，“诚”更多地反映对于天地、鬼神的虔诚，《孟子·离娄上》有“诚者天之道也，思诚者人之道也”。随着时代的发展，“诚”的含义变得更加丰富，不但是做人的核心，更意味着一种真实、无欺的品性和做人原则，正如《荀子》所说的“君子养心莫善于诚，致诚则无它事矣”。在中国古代思想中，“诚”包括人与人、人与社会、人与自然三个层次的和

① 曾喜辉．大学诚信文化建设概述［D］．衡阳：南华大学，2013.

谐。古人对于“信”的定义，更多地体现在为人、济世、治国、领兵上的作用，即表里如一、言行一致。《诗经》的“信誓旦旦，不思其反”和《论语》的“人而无信，不知其可也”，都体现了对于诺言、誓言和规矩的遵守。

西方国家在文化、习俗、价值观等方面与中国存在着很大差异，对于诚信的阐释与中国也有所差异，但诚信同样具有非常重要的地位。在西方，与中文“诚信”相对应的词有以下几类：第一类是 trust 与 confidence。《圣经》和《古兰经》中有多处对于 trust 与 confidence 的论述，信任是无条件的，它只能产生于人与神的关系之中。保证诺言和契约的完成，要靠约定双方之外的第三方力量，即“上帝”或“真主”。人们因为畏惧神的愤怒，所以才会履行诺言。第二类是 faith，即为信仰之意，指人对神明信赖的态度。直至中世纪，faith 仍是基督教伦理的最高原则，以上帝为源泉，是一切德言之首。文艺复兴时期，路德发起的宗教改革同样倡导“因信称义”，把 faith 作为信教的首要原则。第三类是 integrity，其基本含义更接近于“正直”，学术诚信是 academic integrity。第四类是 honor，一般被译为荣誉、名誉。英美的大学里面通用的诚信规范被称作 honor code①。简而言之，在西方社会“诚”即个体的诚实品性，“信”即信任，诚信的基本含义就是尊重事实和信守诺言。美国学者麦克贝勒斯指出，诚信一般被定义为“忠于事实”或者在此基础上加上“遵守公平交易的合理商业标准”。

综上所述，诚信的内涵主要体现在三个方面：一是真实无妄，诚实无欺，体现了诚信要“内诚于心”；二是严守信用，兑现承诺，体现了诚信要“外信于人”；三是言行一致，知行合一，体现了诚信具有实践性。

① 陈劲．中国人诚信心理结构及其特征［D］．重庆：西南大学，2007.

2.1.1.2 诚信的历史沿革

（1）诚信在中国的历史演变。

诚信萌芽于原始社会。原始的诚信道德源于对神秘现象的敬畏与虔诚，是一种“人与神”之间的联系。随着生产力的发展，在生产活动中逐渐产生了分工，使个人对部落其他人产生了一定程度的依赖，这是决定“人与人”之间的诚信产生的关键。原始社会的狩猎行为，要求所有参与的人各司其职，通力合作。这种合作包括接受成果分配、服从职责分工等。此时诚信成为了维护原始社会人与人之间关系的重要纽带。“诚信”的概念在产生时，尚不具有实际明确的伦理内涵，只是一种狭隘的道德表现，拘泥于特定的范围、行为和对象，一旦超出这个范围就会失效。

诚信作为诸子百家争论的焦点之一，在春秋战国时期得到了比较深入的阐述与分析，诚信思想完成了从奴隶制社会到封建制社会时期的转变历程，体现在如下几个方面：一是论述了“信”的重要性，把“信”作为人生目标和为人的准则，以及成功之人所必须具备的品性；二是解释了“信”与“诚”二者的联系与区别，“信”是“诚”的表现方式，“诚”是“信”的道德基础；三是强调了诚信的评价作用，提出诚信是度量人性的方法，使得诚信成为区分君子与小人的重要标准。这些关于诚信的观点，相互交融又互相影响，完成了从原始社会对神明、对部落的诚信到人与人之间的诚信品质的升华，构筑了中国传统诚信观的主要架构，形成了影响中国几千年的人格诚信的基本内涵。诸子百家让中国人的诚信观，从社会的潜意识形态转变为众人所理解并推崇的显意识形态，从零散感性的思考转变成系统的、专业的、具有完备逻辑的思想体系。

基于封建统治阶级强化中央集权的需要，董仲舒建立了以“三纲五常”为核心内容的封建伦理思想体系，“仁、义、礼、智、信”成为了封建社会的道德基准。五常之中的“信”，注重规范君主与臣民之间的礼仪关系，让臣民对君主做到至忠厚信。三纲五常体系正式确立了诚信的道德地位，诚信思想成为了封建统治者大力倡导的道德伦理规范①。

在理学体系基础上吸收了佛、道的观念之后，诚信思想变得更加完善。周敦颐的思想主要来源于《中庸》，理论核心即为“天人合一”，认为“诚”即是天道，天道与人道相通，而人道同样会遵循天道。进而，程颢、程颐丰富和完善了诚信思想：“诚者理之实然，致一而不可易也。天下万古，人心物理，皆所同然，有一无二，虽前圣后圣，若合符节，是乃所谓诚，诚即天道也”，给出了对于“诚”的明确定义。两人将孔孟、荀子都没有明确说明的“诚”的确切含义进行了深刻诠释，使得儒家的诚信观念得以实现哲理化，完善了诚信观的哲学体系②。

因此，中国传统的诚信观自原始社会时期已经开始出现，其发展历程深受儒家伦理道德和封建等级制度的影响，既具有时代的烙印，也带着中国社会的特色，这种特色体现在强烈的自律倾向、浓郁的情感色彩，以及单向的道德义务上面。中国传统诚信观反映了中国传统文化提倡独善其身、舍生取义，以及注重气节、推崇亲情的文化特征。

随着社会的发展，诚信的内涵逐步完善，诚信是公民道德的基本规范，是所有人必备的道德品质，也是所有市场交易应遵循的准则，诚信精神应当拓展到每个人所身处的社会环境和所从事的行业之中。

（2）西方诚信思想的历史演变。

古代西方思想家把“诚信”定义为对承诺和协议的遵守和兑现。在长期的历史发展过程中，西方社会的诚信逐渐形成了以经济发展为社会基础、以契约为表征、以法律制度为基础的特点。

① 朱泽浪．儒家诚信思想在当代大学生价值观建构中的意义研究［D］．北京：北京化工大学，2013.

② 黄晓辉．大学生诚信品质培养研究［D］．长沙：湖南师范大学，2012.

西方诚信观念起源于古希腊社会，早期希腊神话有很多歌颂诚信美德的故事。《荷马史诗》中称颂的英雄们大多具有信守承诺的美德；希腊城邦的公民也把诚实守信作为最重要的品质；苏格拉底忠于作为城邦公民的承诺，所以选择了死亡，临终前他对雅典的公民说："我绝对不会因为怕死而背信弃义、对任何人屈服，我是宁死不屈的。"由于商业活动的频繁，古希腊早期的诚信观念是与商品交换联系在一起的。信守承诺、遵守契约的信用原则成为诚信所具有的基本含义。柏拉图指出："货物交换在固定的地方进行，不能赊欠；交换时不能掺假，掺假是一种虚假和欺骗。"这显然是把诚信作为商品交易的原则，失信的谋利行为与公正格格不入。

亚里士多德是古希腊最伟大的思想家，他在《政治学》《伦理学》等著作中对诚信问题进行了多方面的研究，形成了系统的诚信思想。他强调了诚信在商业交往活动中的意义，并且将诚实守信看作是"中道"的德性，是公正道德的一部分并主张通过法律来约束，而且维护诚信只能靠法律制度，而不能依赖个人的情感和良知。这一思想奠定了西方社会诚信思想的基础，并被古罗马法学家植入了罗马法的契约精神之中，契约诚信理念由此成为接通古希腊诚信观念与现代契约论的一个重要环节，对西方社会产生了深远影响①。

西方的思想家将诚信看作道德规范的基础，注重诚信与政治的关联。苏格拉底曾经提出"守信履约是美德"；德谟克利特宣称"卑劣的人在有所需求时所作的誓言，一旦他们得以脱离窘境，就不加信守了"，把守信看作高尚，把失信看作卑劣；卢梭指出，社会秩序建立在约定之上，社会契约是构成国家的一切权力的基础；格劳休斯作为社会契约论的先行者强调了"有约必践，有害必偿，有罪必罚"的契约精神。

① 史瑞杰．诚信导论新编［M］．北京：北京大学出版社，2015.

近代以来，随着资本主义制度在西方社会的确立，植根于西方文化传统中的诚信观念与现代市场经济的发展相结合，它在促进资本主义经济发展的同时，也在资本主义经济交往活动中催生了新的信用观念。在资产阶级思想家们的理论发展中，近代西方资本主义的诚信观念得以逐步完善，并形成了具有现代西方特色的诚信思想体系。

2.1.2 大学生诚信

大学生作为社会主义现代化建设的接班人，肩负着全面建设小康社会、实现中华民族伟大复兴的历史重任，是富有朝气和创造力的优秀青年团体，是国家的未来、民族的希望。大学生的诚信水平是整个社会道德状况的晴雨表和风向标，因而成为全社会关注的焦点。

诚信的伦理观念和行为规范，针对有着不同成长背景、学历层次、生活环境以及素质状况的社会群体，其规范功能和导向作用基本相同，但也存在着差异。大学生作为社会群体中的特殊角色，有其自身的独特性和鲜明的时代特征。所以，对大学生诚信内涵的确定，在借鉴和继承中西方诚信文化优良传统的同时，与时俱进，不断丰富它的内涵，还要注意结合大学生群体的实际特点。

通过总结诸多学者的研究成果，并结合当代大学生的学习生活实际，认为大学生诚信主要体现在思想政治、学习科研、经济生活、人际交往、求职择业等方面，是有法可依、有法必依、执法必严、违法必究的遵纪守法意识，是信任于人、言之于实、遵守承诺的道德品质，是尊重客观事实、坚持实事求是的精神追求，是“言必信，行必果”的行为准则。综合而言，大学生诚信即大学生遵纪守法、诚实无欺、相互信任、信守承诺、言行一致的内在品质和外在行为的统一。

2.2 诚信教育

诚信教育是对诚信进行的进一步规范和引导，对诚信教育内涵和特点的研究分析，将有助于诚信教育的顺利实施，从而提高整个社会的道德水平。

2.2.1 内涵

目前，关于诚信教育的内容和含义方面，国内还没有形成统一的理论体系。专家学者们对诚信的内涵阐述主要有狭义和广义两个方面。

狭义的诚信教育是教育者根据一定的社会要求和受教育者的需要，遵循品德形成的规律，并采用一定的道德教育方法，培养受教育者诚实与守信的道德品质的活动①。这是一种个人诚信道德教育，一般指学校诚信教育。

随着社会的发展进步，诚信教育的范畴已不再局限于道德教育，而是渐渐体现出法制特质；也不单单停留在学校，而是越来越多地展现出社会属性，即在道德教育的基础上，添加了法制教育；在内容上又渗入到政治、经济、文化等各个社会活动领域。这就是广义的诚信教育——社会中一切有关诚信原则和诚信道德的教育活动。它是一种系统的诚信教育，不仅要依靠学校，还必须与家庭教育、社会教育有机结合。其中，我国目前法制的落后和诚信伦理观念的陈旧，一直是我国开展诚信教育工作的难点所在。

① 刘阳，李静波．论诚信教育——从诚信和诚信教育的基本概念谈起［J］．全球教育展望，2004（8）：16-17.

为保证诚信教育的顺利实施，在社会教育层面，尤其要注重法制建设、制度完善和理论创新。

2.2.2 特点

诚信教育作为规范、引导公民思想和行为的教育活动，具有以下特点：

（1）系统性。

仅把诚信教育看作是一种道德教育，或认为诚信教育只需要靠学校就可以完成，都是片面的看法，没有考虑到诚信教育的社会责任及强大的社会功效。在当今社会，诚信教育是一项庞大的系统工程，不限于单一的学校教育，还与家庭教育、社会教育等相结合，多管齐下，成为一个有机整体，使各方面力量共同发挥作用。同时，诚信教育的作用领域，除了原来仅有的伦理道德，还涉及政治、经济、文化、法制等社会生活的方方面面。

（2）实践性。

诚信教育在实施时，应注意理论传授的“知”与实践活动的“行”相结合。诚信教育不是单纯的诚信观念的传授，更重要的是让公民在实践中不断深化诚信理念，最终在日常行为中养成诚信的习惯。所以，诚信教育的关键是实践，只有在不断的、反复的实践中，才能深刻地理解诚信、自觉运用诚信，提高诚信素质。

（3）长期性。

诚信品质的培养，必须要经过不断的思想斗争，以及将外在诚信规范深化为内在诚信品质，内在诚信品质转化为外在诚信行为的反复的内外化活动。只有通过长期反复的“理论—实践—再理论—再实践”过程，才能帮助公民形成稳定且良好的诚信行为习惯，提高诚信教育的效果。因此，诚信教育不是一蹴而就的，是一个长期稳定、循序渐进的过程。

（4）动态性。

随着时代的变迁、人类社会实践的变动，诚信的内涵在不断发展变化，诚信的社会功能也更加丰富，诚信教育的含义和内容才如此广泛且还在不断更新。可以说，诚信教育就是一个动态变化的过程。所以在诚信教育活动的实施中，绝不能墨守成规，必须立足科技发展和社会实际，正视诚信教育的动态性。

2.3 大学生诚信教育

大学生群体的诚信状况一直受到社会的广泛关注，对大学生诚信教育的研究也越来越成为国内学者关注的热点。

2.3.1 内涵

大学生诚信教育是为培养大学生诚信品质而进行的教育活动。具体来说，大学生诚信教育，就是根据当前社会发展要求和大学生自身发展的需要，从个人、学校、家庭、社会等角度，有组织、有计划、有目的地对大学生施加诚信影响，深化大学生的诚信认识，并进一步培养大学生的诚信情感，促使大学生坚定诚信信念，坚强诚信意志，并在其指导、支配下，形成诚信的日常习惯，最终产生持久、正确、稳定的诚信行为的一切教育活动的总和。大学生诚信教育内涵非常广泛，通过结合当代大学生学习生活实际，可以从以下五个方面对大学生诚信教育内涵进行具体阐述。

（1）思想政治方面。

诚信的品质和行为的形成，必须先使思想政治得到强化。大学生思想政治诚信教育，要求大学生在政治活动中以诚信为价值取向。首先，坚定中国特色社会主义理想，拥有正确的政治认知。在此基础上，政治立场坚定，拥护党的领导，对党和国家保持真挚、深厚的感情。还要对党和政府信念坚定。坚强政治意志，战胜困难，克服失信。最后，在政治实践中，勇担政治责任和历史使命，忠诚报效祖国。

（2）学习方面。

大学生学习主要包括课堂学习、学业考试、科学研究、实践教学四个方面，大学生学习诚信教育表现为，要求大学生坚守诚信学习品德，端正学习态度。做到维护课堂秩序，严守考试纪律，践行求知的治学精神，并重视理论与实践结合。创新学术科研，真实评优评奖，杜绝学术欺诈、考试作弊等不良行为，实事求是进行实践教学，营造良好的学习科研风气。

（3）经济方面。

大学生的日常活动基本都是在学校、家庭和社会中进行的，大学生经济诚信教育，即要求大学生将诚信作为经济生活中最基本的道德准则。在交纳学费、贷款、校园兼职、日常花销以及社会活动中，遵纪守法，自觉抵制恶意拖欠学费、助学贷款及编造材料骗取国家助学金等不正之风。对父母心怀感恩之心，勤俭节约，不编造各种名目向父母索要钱财。科学理财，不为个人私利而损害他人、集体和国家的利益。

（4）人际交往方面。

大学生人际交往与以往相比，具有更强的广泛性、独立性和社会性，包括同学校园交往、恋爱交往、网络交往、社会交往等。大学生人际交往诚信教育，要求大学生以诚实守信的人格素养作为人际交往的基础和前提。做到言行一致，表里如一，以诚待人。不欺骗他人，说实话，办实事，讲信用，重承诺，最终构建和谐的人际关系。

（5）求职择业方面。

大学生完成学业后，将面临求职择业问题。大学生求职择业诚信教育，主要表现为简历、面试、签订合约、创业四个方面的教育。要求大学生做到，求职自荐时定位准确，不好高骛远，也不妄自菲薄，树立正确的就业观和择业观，杜绝就业简历造假。面试时，向用人单位提供真实全面的个人信息。签订协议时，慎重签约，自觉履行就业合同，不随意违约。创业时，牢记诚信的道德行为。最终，在进入工作岗位后，更要注意培养良好的职业道德，把诚信理念贯穿于职业生涯始终。

2.3.2 特点

大学生诚信教育是专门针对在校大学生进行的诚信教育，因而除了具备一般的诚信教育的特点外，它还具有以下特征：

（1）主体性。

大学生作为大学生诚信教育的承受者和体现者，在大学生诚信教育过程中，一直占据着主体地位。大学生是有思想、有主见、有个性的高水平群体，自我意识较强，不喜欢被动接受。所以，教育方式的确定，必须结合大学生的具体实际和内在需求，才能引导大学生积极参与、自觉接纳。在诚信教育实施过程中，要尊重大学生的主体地位，重视大学生的认同感，才能有效把外在的诚信教育转化为内在的诚信品质。

（2）示范性。

大学生是我国社会主义建设的接班人，是时代的精英、祖国的希望。他们的思想和行为在社会上都有良好的引领性和示范性。大学生作为公众眼中的高学历、高素质的优秀人才，容易被众多社会群体作为榜样。同样，大学生诚信教育也具有先进性和示范性，能引领整个社会诚信教育的潮流。

所以大学生诚信教育，必须做到高要求、高质量，充分发挥它的表率作用，推动整个社会的文明进步。

（3）发展性。

在整个大学生涯中，大学生的思想特点、行为目标是在不断变化的，在不同的阶段有不同的特点。所以，大学生诚信教育不能一成不变，它的方式手段和阶段性目标也必须随之调整和变动。主要表现为，要立足于大学生的现在情况及未来发展，着眼于大学生诚信教育的终身化，不仅关注大学生在校时的诚信表现，还要考虑到大学生走向社会后的诚信行为。要以发展的眼光来看待大学生诚信教育的实施，将短期目标与长期目标相结合考虑。

2.4 大学生诚信教育的重要性和紧迫性

作为社会主义建设的接班人，大学生的诚信水平将直接影响到中国梦的实现，因此，加强大学生诚信教育是举足轻重、刻不容缓的；大学生失信现象屡禁不止凸显了加强大学生诚信教育的紧迫性。

2.4.1 有利于大学生成才

诚信之所以成为做人的基本道德准则，被人们高度评价和认可，归根到底是因为，它是人们立身处世的根本。

当代大学生的综合素质中，道德素质是最首要、最基本的素质，而诚信是判断道德品质的重要标准。只有以诚信道德为基础和前提，大学生才能坚定责任意识、平等和自由竞争意识，才会用认真严谨的态度对待学习和工作，靠自己的努力来实现既定目标和追求。所以，诚信是提高自身素质的重要途径，是完善人格的基本保障。

人与人之间的交往就是建立在诚信的基础之上的。一个人，如果没有信誉，则很难被他人和社会所接受，所以，诚信是人际交往的基石。在校园内建立良好的人际关系，能为大学生提供和谐发展、健康成长的环境和气氛，培养强烈的责任感和自律精神，促进自身的和谐发展、健康成长。培养良好的人际交往能力不仅是大学生活的需要，更是将来走向社会、在工作岗位立足发展的重要保证。

发达国家对诚信很看重，经过多年的探索和完善，其社会信用体系已非常发达。将来无论是出国留学、择业，还是到外企工作，如果在诚信档案上有了不良记录，那将会寸步难行。在我国，覆盖全社会的诚信系统尚未形成，但正在大力推进诚信体系建设。2014 年 1 月 15 日，李克强总理主持召开国务院常务会议，部署加快建设社会信用体系，构筑诚实守信的经济社会环境，并通过了《社会信用体系建设规划纲要（2014—2020 年）》，来提高全社会的诚信意识和信用水平。目前，无论是个人生存发展，还是企事业单位生产经营，没有诚信，也将寸步难行。现在越来越多的国内企业在招聘时，除了学历、成绩、在校表现、综合能力外，越来越将一个人的道德素质，尤其是诚信品质作为重要的用人标准。大学生诚信水平也越来越成为参与社会竞争的客观要求。

诚信是大学生全面发展的前提。加强自身的诚信水平，有助于提高自己的综合素质，培养良好的人际交往能力，提高择业竞争力，对大学生的身心发展非常重要。

2.4.2　有利于高等院校建设

高等学校是为我国培养和输送人才的主要场所，其核心是培养人才。

我国著名教育学家陶行知先生曾说过："千教万教，教人求真；千学万学，学做真人。"教育最基本的原则，就是培养诚实、守信的人。现今高校教育大多重视对大学生知识获取和能力培养方面，而忽略了思想政治素质和职业道德素质的提高。

开展大学生诚信教育，对培养社会主义事业接班人有重要意义，因而越来越受到国家重视。进行诚信教育，培养大学生诚信品质，是现今高校思想政治教育工作的重要内容，是全面落实党的教育方针的必然要求，也是全面推进素质教育的具体体现。因此，大学生诚信教育是高等院校建设的内在要求。

大学生诚信是大学生学习专业知识和技能的基础。大学生只有做到诚信，才能为自己的学业打下坚实的基础。同时，处在一个"诚信"的校园氛围中，能使大学生有一个舒畅的心情，将有效促进学习的进步。大学生诚信水平，决定着高校培养人才的效果。大学生诚信教育，对高校实现培养人才的目标有着重要的指导作用。

高校有弘扬和传播传统文化、创造和发展现代文化的重要作用，这主要通过其校园文化来表现。各大高校独具特色的校园文化在当今中国社会，尤其是文化艺术领域，有着巨大的影响力。大学生精神是大学在创建和发展中逐渐形成的、独具特色的、稳定的、被多数大学生认可的精神形式的文明成果，是校园文化的核心，也是大学核心竞争力的关键所在。大学生诚信教育，可以促进校园良好秩序的建设，营造道德氛围，在优化道德环境、强化育人机制的过程中，培养校园文化，塑造大学精神。

综上所述，大学生诚信教育不仅是高校建设的内在要求，而且关系到高校培养人才目标的实现，是维护校园秩序、培养校园文化、塑造大学精神的重要保证，对高校建设有极其重要的意义。

2.4.3 有利于市场经济发展

我国现在仍处于社会主义初级阶段，社会主义市场经济的特征是追求利润，而信用是其基础和前提。

著名经济学家、诺贝尔经济学奖获得者肯尼斯·阿罗曾说："没有任何东西比信任更具有重大的实用价值，信任是社会系统的重要润滑剂。它非常有成效，它为人们省去了许多麻烦，因为大家都无需去猜测他人语言的可信度。不幸的是，这不是一件可以轻易买到的商品。"他认为诚信是经济交换的重要润滑剂，缺乏诚信是很多国家和地区经济落后的主要原因。

在现代经济活动中，从商品的买卖到资本的借贷，从要素市场的交易到证券市场的支付，无不体现出诚信的重要性。没有信用就没有交易，没有信用就没有秩序。市场主体的诚实守信，不仅能够避免逆向选择和道德风险、降低交易成本，而且能够形成合理的市场秩序，增强经济社会活动的可预期性，提高经济效率①。所以，诚信是实现信用交易的前提和保障，是市场经济秩序的支柱和经济繁荣的基础。

在市场经济体制的建设和完善过程中，信用的重要性日益凸显。大学生作为未来国家建设的骨干力量，在社会主义市场经济的建设中有着极其重要的地位和作用。他们的诚信素质，将直接影响未来国家信用制度的建设和市场经济体制的完善。所以，大学生诚信教育是社会主义市场经济健康发展的必然要求。

2.4.4 有利于和谐社会建设

我国目前正处于中华民族的伟大复兴时期，致力于建设社会主义和谐

① 王淑芹．诚信：为人之本，兴国之基［N］．人民日报，2014-2-17.

社会。我们要建设的社会主义和谐社会，就是“民主法治、公平正义、诚信友爱、充满活力、安定有序、人与自然和谐相处的社会”。由此可见，国家建设同样需要诚信，诚信是构建社会主义和谐社会的重要内容和基本要求。

社会主义和谐社会的建设不仅要借助法律和制度的约束，还需要道德的引导。诚信是道德素质的基础和前提。从社会成员个人的角度讲，诚信作为一项基本素质，对于构建和谐、健康的人际关系十分必要；从整个社会的宏观角度讲，诚信作为一项基本的价值取向，又保证了整个社会的良性运行，促进社会公平的实现。所以，社会需要诚信，只有社会中的每个人之间团结友爱、诚实守信，彼此之间才能充满安全感、信任感地交往，社会秩序才能良好地运行，我们的国家就能成为一个具有强大的道德力量和精神文明的国家，和谐社会的建设才能顺利实施。

大学生作为教育水平和素质较高的群体，是和谐社会的重要建设者和社会主义事业的接班人。他们将逐渐掌握国家机器，成为国家的主人，在社会中有极大的影响力和话语权。大学生正确价值观的养成，对整个社会的发展尤为重要。习近平主席在 2014 年的五四青年节到北京大学考察时曾强调：“青年的价值取向决定了未来整个社会的价值取向，而青年又处在价值观形成和确立的时期，抓好这一时期的价值观养成十分重要。”诚信正是社会主义核心价值观的基本内容。所以注重大学生诚信素质的培养，使其树立正确的价值观，无疑将为社会提供一个良好的榜样，带动整个社会的诚信建设，促进我国社会的精神文明提高。

开展大学生诚信教育，促进大学生诚信水平的提高，将为建设社会主义和谐社会提供强大的人才保证和智力支持，为实现中华民族伟大复兴的中国梦提供有力保障。

3

大学生诚信现状分析

在对全国各地的21所高校的大学生诚信现状进行问卷调查的基础上，结合已有研究成果，分析国内外大学生诚信现状以及诚信缺失的主要表现、原因及其危害，并探讨诚信教育的发展趋势。

3.1 大学生诚信现状

3.1.1 国内大学生诚信现状

我国大学生的主流思想是积极向上的，大部分大学生都对诚信品质有较高的认同，多数大学生能自觉坚守诚信的美德。但由于种种原因，一些大学生在学业、经济、择业、人际交往等方面不同程度地发生了失信的行为。

（1）大学生诚信品行多数良好、有所改善。

虽然大学生诚信缺失现象较为普遍，但不可否认的是，多数大学生的诚信品行是良好的，且在一定程度上有所改善。因此，在认识到大学生诚信建设紧迫性的同时，也要看到多数大学生的诚信状况是良好的，且有改善趋势。具体来说：

一是多数大学生对诚信道德有正确的认识。据有关调查发现，77.4%的大学生认为“诚信是立身之本”，约有92.1%的大学生认为“诚信是精神文明建设的重要内容”，这一结果略高于马兰（2014）[①] 调查的75.6%、87.3%。

① 马兰．大学生诚信教育的现状与对策研究［D］．晋中：山西农业大学，2014.

二是多数大学生对诚信道德在情感上认同。多数同学认为大学生应该选择诚信，并对周围人的失信行为感到厌恶，对社会上的失信现象感到强烈的不满。

三是多数大学生诚信意志稳定。在问及“无人知晓时，是否会拾金不昧”时，84.2%的大学生回答“会”，这略高于马兰（2014）调查的82.4%；在问及“自身利益与诚信冲突时，是否坚持诚信”时，72.3%的大学生回答“是”。

四是多数大学生在为人处世中诚信状况良好。在问及“同学在申请助学贷款、国家助学金时，有无虚假贫困证明现象”时，65.3%的大学生认为“存在”，认为普遍存在的占12.7%，这一结果分别低于王越（2014）[①] 调查的82.7%和13.6%；在问及“大学生网上与人交往是否存在失信行为”时，31.7%的同学回答“普遍”，略低于王越（2014）的32.8%。从这些方面可以看出，大学生诚信道德水平在总体上是好的，且有所改善。

（2）诚信道德认识存在一定片面性、主观性。

部分大学生对失信行为的认识和理解在一定程度上存在着片面性、主观性。对于面试撒谎和伪造简历行为，一些大学生存在着片面的认识和宽容的态度，认为求职中的不实言行是否违背道德，需要依据失信的内容、失信的程度、失信的原因等来判断。认为在面试时、在简历中编造丰富的社会实践经验和社团经历失信的情节较轻，并且其他人也通常都会这么做，所以这并不算不道德行为，是可以理解的。认为伪造证书、篡改成绩等行为属于严重的失信行为，情节较为严重，属于不道德的行为。还有一些大学生认为，自己失信是不得已而为之，社会上失信的人很多，如果自己选择诚信反而会在激烈的竞争中处于劣势，所以在这种情况下失信并不能算是道德缺失，觉得心安理得。

① 王越．当代大学生诚信缺失问题及其对策研究［D］．徐州：中国矿业大学，2014.

（3）对诚信行为缺乏信任感和安全感。

虽然大学生都希望周围的人能彼此“坦诚相交”“以诚相待”，但大多数大学生认为身边坚守诚信的人并不多，对周围多数人不可以轻易相信。在调查大学生对“你周围讲诚信的人多吗”这一问题的看法时，约有54.7%的同学回答“较少”，约7%的同学回答“很少”。认为身边讲诚信的“较多”和“很多”的仅占35.7%和1.6%。在对大学生“你会把心里话告诉给好朋友吗”进行调查时，仅15.0%的人回答“会”，58.5%的同学回答“会有顾虑”，26.5%的同学回答“不会”①。这种现象的产生，反映了部分大学生在与人交往中一方面对他人的诚信品质不信任，另一方面对向他人坦诚缺乏安全感。

（4）诚信意志不够坚定。

部分大学生的诚信行为不够坚定，特别是当面临利益的诱惑时，有些大学生的诚信只是“5分钟热度”，缺乏持久性。大学生在求职签约的过程中，虽然都会坚定地向用人单位表示将信守合约，但在对大学生“在与一个单位签约后，有条件更优越的单位招聘你，你怎样选择”进行调查时，23.5%的大学生回答“会违约”，51.6%的大学生回答“视情况而定”，仅有24.7%的人回答“会遵守合约”②。这反映了当诚信同自身利益发生冲突时，部分大学生不能坚守诚信，诚信意志不够坚定。

（5）诚信认知与自身行为存在一定偏差。

根据中国青少年研究中心的一项调查，对于“请你写出最厌恶的个人品格”一题，选择“不守信”或“失信”的占比达29.2%。据心理学家的一项调查，对100名大学生进行采访，在询问大学生所喜爱的品格时，选择“诚信”的大学生最多。另有数据显示：“90后”大学生对社会缺乏诚信表

①②马兰．大学生诚信教育的现状与对策研究［D］．晋中：山西农业大学，2014.

示强烈不满[①]。这些情况说明，大学生一方面对诚信品质表示认同，认为诚信是一种优秀的品质；另一方面，当诚信同自身利益发生冲突时，一部分大学生会选择失信行为，这体现了部分大学生在诚信中“知”与“行”的背离。

3.1.2 国外大学生诚信现状

美、日等发达国家社会发展水平相对较高，具有相对完善的社会制度，公民普遍注重契约精神，大学生的诚信水平相对更高。以美国和日本为例，介绍其大学生诚信发展的现状。

（1）美国。

美国的诚信教育建立在个人诚信的基础上，并重视诚信教育“从小抓起”，其特色主要体现在学校教育方面。美国大学十分注重学术诚信，因此学术诚信是美国诚信体系建设的重要组成部分。美国学校诚信教育的特点主要体现在以下几个方面：

一是美国十分重视幼年时期对孩子的诚信教育，在幼儿园和小学阶段就开始培养孩子的诚信观念。在美国波士顿大学教育学院设计的基础教材中就突出了“诚信”方面的内容。教材中加入了许多诚信故事作为诚信教育的启蒙读物，教材还建议老师在班上组织诚信活动，向学生传授“最大程度的诚实是最好的处世之道”这句谚语，并且要求学生制作有关“诚信”的标语张贴在教室[②]。

二是制定了详细严格的诚信规范制度。美国大学诚信教育的措施极为严格，针对不同的失信行为制定了详细的惩罚措施，一旦失信行为发生，将会受到严厉的惩罚。制定了严格的法规以打击考试违规行为，情节较严

① 冯晓艳．当代大学生诚信状况分析及对策研究［J］．教育与职业，2010（30）：67-69.

② 高云志．大学生诚信教育的现状分析及对策研究［D］．上海：复旦大学，2010.

重的，甚至会被定为违法行为。

三是通过多种方式和媒介营造诚信氛围，使大学生在思想上提高对诚信的重视，让诚信意识不断渗透到学习、生活以及社会交往中。通过签署《荣誉准则》让学生明确诚信的范畴，通过开展“学术诚信周”等活动让学生在行动中践行诚信。

四是拥有良好的诚信外部环境。美国公民极高的诚信水平不仅是学校教育的结果，美国政府及其他社会团体同样发挥了不可替代的作用。美国政府建立了诚信研究办公室，以有效地对违背诚信的行为进行调查，并制定了相应的政策和措施，各个社会团体也对诚信具有严格的要求，这些使得在美国失信行为的成本极为高昂。可以说，美国较高的诚信水平是学校、社会组织等相关各方合力作用的结果。

（2）日本。

日本大学生的诚信教育不仅建立在学校的基础上，家庭诚信教育、社会诚信教育都发挥了不可替代的作用，日本深受中国传统儒家文化的影响，“德、仁、礼、信、义、智”的观念渗透于日本民族的内心，并且日本至今的初高中国语课本中都会有《论语》的讲授，其中诚信占据着重要的一部分。日本最大限度地开发儒家传统诚信思想的现代价值，并建立了一套完善的诚信管理体系。

一是日本的家庭教育在大学生诚信观建设中发挥了重要作用。日本家长在家庭教育中扮演子女的知心朋友，善于跟子女进行心灵上的沟通而不是打骂教育、溺爱教育。当孩子发生失信的行为时，通过思想上的沟通让子女认识到错误，并对诚信道德有发自内心的认同。

二是日本高校善于将诚信教育寓于实践中。日本大学在培养学生的诚信品质时，对社会实践的作用十分重视，通过让大学生体验各式各样的生活而使学生参与到实践当中，在实践中让他们学习与人交往要相互信任、信守承诺。另外，学校还会与学生围绕失信行为进行探讨，使学生从反面了解失信行为的危害。

三是社会诚信体系全面配合日本的诚信教育。在日本，学校诚信教育、家庭诚信教育以及社会诚信教育相互配合，日本大学生之所以拥有良好的诚信道德修养，这与其诚信舆论氛围是分不开的。此外，日本政府还为诚信教育提供了种类多样的诚信活动设施以及完善的诚信监督制度，一方面保证了道德教育严格受制于政府而不至于失控，另一方面也在大学生诚信道德体系形成的过程中起到监督的作用，保证道德教育不会流于形式①。

3.2 大学生诚信缺失的表现

大学生诚信缺失的表现是多方面的，几乎涵盖了大学生学习、生活的方方面面。通过对大学生诚信现状调查，发现大学生诚信缺失主要体现在学业、经济、人际交往、求职和网络行为几个方面。

3.2.1 学业诚信危机

学习是大学生在校期间根本的使命和任务，然而很多诚信缺失问题首先表现在大学生的学业方面。一是考试作弊和替考现象屡见不鲜。考试作弊现象充分地反映了大学生诚信缺失问题，一些学生平时不认真学习，想侥幸通过作弊来应对考试，甚至对自己的作弊行为毫无羞耻感。虽然各大高校针对考试作弊行为制定了一定的处罚措施，但大学生的作弊行为仍屡

① 刘蕾．美国、日本、新加坡大学诚信教育及对我国大学诚信教育的启示［J］．武夷学院学报，2013（6）：19-22，48.

禁不止，作弊手段层出不穷，作弊程序周到完善，更有甚者还出现了以赚钱盈利为目的的替考现象。这些行为反映了大学生对诚信品格的淡漠[①]。二是作业抄袭成风。有些大学生把预习、复习时间，甚至课堂时间用来打工、外出玩耍，课堂作业相互抄袭或者随意上网复制粘贴应付了事，完全违背了教师布置课堂作业的初衷。三是学术剽窃问题严重，甚至一些高校工作者也被曝出学生时期论文剽窃。学术是严谨的，学术论文本质上是知识和科研成果的创新，学术论文的内容应是创造性的、前瞻性的，而不是重复、模仿、抄袭前人的成果。目前高校大学生学术论文剽窃现象较为普遍，利用互联网发达的便利，下载大量相关的文章进行拼凑，将前人的成果占为己有，或者伪造、修改研究数据而后用于自己的论文，所得结果往往经不起推敲。学术造假是一种违背学术道德和科学精神的表现，同时也是一种诚信缺失的表现，是学术领域中学风浮躁和急功近利的产物。

3.2.2 经济诚信危机

经济领域的诚信缺失问题也是大学生诚信缺失的重要方面，部分大学生为了经济利益而牺牲诚信原则。一是骗取国家助学贷款。国家助学贷款是为了保证经济困难的大学生顺利完成学业而建立的一种贷款制度，自1999年开始试点并于2000年在全国推行，但是这项优惠的政策却被“诚信危机”所绑架。一些学生通过隐瞒家庭人口和收入的真实情况，甚至通过行贿等手段来获取虚假证明，最终达到贷款的目的，但是另一方面却大手笔消费购物，挤占了真正贫困家庭的名额，甚至使他们错失大学之梦。另外还存在着恶意拖欠债务的行为，大学生在毕业后的还款确认书上，填写虚假的联系方式，甚至撕毁协议书。二是恶意拖欠学费。近几年来，一些

① 葛玉丽．大学生诚信教育的对策研究［D］．大连：辽宁师范大学，2012．

高校出现了学生拖欠学费的现象，这其中除了很少一部分同学是因为贫困而无力担负昂贵的学费，更多地要归结于大学生的诚信缺失现象，他们欺骗父母，拿着学费挪为他用，追求攀比，恶意拖欠学费，给学校带来巨大压力。三是骗取贫困生助学金。贫困生助学金是国家为帮助经济困难学生顺利完成学业，减轻困难学生家庭经济压力的一项惠民政策，部分家庭经济并不困难的学生为获得更多的开支，提供虚假贫困证明骗取助学金，使得一些家庭真正困难的学生反而无法获得。四是网络贷款违约。随着互联网的快速发展，近年来大学生网贷、裸贷悄然兴起，由于贷款申请十分容易，一些学生隐瞒家长申请贷款，但因过度消费无力偿还、逾期偿还的情况多有发生。这些诚信缺失的行为不仅给大学生自身的名誉带来负面影响，给家庭带来负担，也损害了他人的利益。

3.2.3 人际交往诚信危机

良好的人际关系是使大学生人格健全、保持心理健康的重要因素，能够使大学生更好地在社会上生存和发展，使他们更有安全感和幸福感，而“诚实守信”是获得良好人际关系的前提和保障。但当代大学生在与人交往的过程中却存在着诚信缺失的现象。一是投机取巧，追逐名利。一些大学生在交友方面存在明显的功利主义倾向，学生干部、家庭条件好的学生更受到欢迎，同学之间相互利用。在评优、竞选班干部、入党和保送研究生时拉选票的现象始终存在，他们不靠实力去争取，而是利用情感和利益压倒公平，投机取巧拉关系，严重挫伤努力学习的同学的积极性，阻碍了校园整体道德水平的提升。部分学生干部还存在“腐败”的行为，热衷权力，置集体利益于不顾，滥用职权为自己和朋友牟取最大利益。还有部分学生干部禁不住金钱诱惑，购买办公用品时，虚开发票、实销多报。二是网络交往诚信缺失。互联网已经成为大学生不可或缺的一部分，QQ、微信、微博、陌陌等社交软件深深融入到他们的生活。但网络在给大学生带来丰富知识、大量资讯、方便与人沟通的同时，也产生了众多负面影响和道德问题。部分大学生利用网络散布谣言、盗取他人账号、偷看他人邮件、剽窃他人成果、制造病毒攻击他人网站等，甚至走上电脑犯罪的歧途，给他人造成极大危害。三是恋爱动机缺乏诚信。当前大学生谈恋爱现象十分普遍，有些学生能够很好地处理恋爱关系，但是也有一些学生对待感情缺乏正确的态度和责任，恋爱动机不纯。有的是为了排解寂寞，有的是为了获得自我证明，有的是为了满足性需求等，恋爱抱着一种游戏的“玩玩”的态度，缺乏基本的道德修养和责任意识①，给对方带来了严重的伤害。

3.2.4 择业诚信危机

随着高等教育的快速发展，大学毕业生数量直线上升，毕业生就业压力日益增加。部分大学生通过弄虚作假的方式为自己“镀金”来谋求一个理想的职位，在求职方面具体存在的诚信缺失现象有以下几个方面。一是简历注水，伪造假证。为在“学生和用人单位双向选择”的就业竞争中增加自己的竞争优势，在简历上大做文章，填写简历避重就轻，随意夸大自身能力和特长，任意篡改成绩，编造学生干部、三好学生和实习经验履历，甚至不少学生伪造各类虚假等级证书。二是轻易签约，肆意毁约。很大一部分学生在求职过程中，存在“广泛撒网”“脚踏多只船”的现象，盲目与用人单位签订就业协议，一旦被更理想的单位录取或者通过公务员考试后，不顾诚信的约束肆意毁约、频繁跳槽。虽然说合理的人才流动是生产社会化的客观要求，是社会发展的一个标志，是实现社会效益和人才价值最大化的重要方式②，但应该遵守一定的程序和规范。大学生这种边签约边毁约

① 葛玉丽．大学生诚信教育的对策研究［D］．大连：辽宁师范大学，2012.

② 张虹．大学生诚信缺失研究［D］．太原：中北大学，2013.

的行为不仅给用人单位带来了不良的影响，也损害了母校和整个大学生群体的信誉和形象，导致用人单位对大学生产生强烈的不信任感，使大学生就业陷入“恶性循环”，当越来越多的企业对大学生不信任时，大学生群体也必将为其“诚信缺失”而付出高昂的道德成本①。

3.2.5　网络诚信危机

互联网和网络社交工具的发展，在方便人们交往、增强彼此联系的同时，也为一些不良行为提供了可能。由于网络世界的虚拟性和匿名性，大学生受到真实身份的限制较少，且更难以监管，因此大学生在这一领域的失信行为逐渐显现出来。一是网络诚信意识淡薄。部分大学生网络行为中的诚信水平明显低于现实社会，且倾向于认为网络世界中的诚信要求比现实世界中的低。根据田丽苗（2013）② 的调查，大学生认为“无论在网络还是现实世界中都应做到诚信”的占 36.1%，认为“在网络中有时可以选择失信，但不可伤害他人”的占 47.5%，认为“网络是虚拟的，不一定要坦诚”的占 13.9%，这反映了大学生网络诚信意识相对淡薄，对网络诚信的重要性没有清醒的认识。二是网络行为缺乏诚信。调查发现，有高达82.7%的大学生在网络环境下或多或少存在着失信行为。一些大学生利用网络侵入他人邮箱，窃取他人隐私，发布虚假信息，攻击、侮辱他人，传播电脑病毒，甚至更为严重的，为了寻求刺激、显示自己的“能力”，侵入合法网络系统。这些行为不仅严重违背诚信原则，甚至有的已经构成了违法犯罪。三是利用网络从事违法行为。一些大学生禁不住利益的诱惑，走上了网络违法犯罪的道路，2010 年杭州就曾发生了一起博士生非法侵入计算机系统而获利 400 余万元的案件。还有些大学生利用网络，从事诈骗等活

① 葛玉丽．大学生诚信教育的对策研究［D］．辽宁：辽宁师范大学，2012.

② 田丽苗．大学生网络诚信问题与对策研究［D］．太原：山西大学，2013.

动，骗取他人钱财，这些都给社会和他人带来沉重的灾难。

3.3 大学生诚信缺失的危害

大学生是一个国家未来的中流砥柱，其自身素质对一国当代及未来的社会经济发展具有重要的影响。诚信缺失的不利影响是广泛且深远的，不仅不利于大学生个人的成长和发展，对学校、对社会都会产生严重的不良影响。

3.3.1 损害高校的管理和声誉

大学生不遵守诚信的行为具有负外部效应，不仅侵害他人利益，还会使这种不良作风扩散，进而影响其他人的道德信仰和利益。诚信教育被视为一项基本的道德规范，在高校思想道德教育体系中占有重要的比重。但是高校的诚信环境往往被部分学生在学业、经济、求职、人际交往等方面的现实表现所破坏。大学生失信行为在损害他人利益的同时，又成为一个反面典型，诱使他人也走向失信行为，这不仅给高校的诚信管理带来阻碍，也由于失信行为的存在给高校其他方面的工作带来不利影响。另外，大学生诚信缺失还会严重影响到大学的声誉。毕业生简历造假、签约后频繁毁约、拖欠助学贷款等问题已经使用人单位对高校毕业生的信誉产生了不好的印象。高校学生走出校门后不仅代表着自己，也代表着母校的形象，自身诚信缺失必然导致母校蒙羞，在影响自身信誉和就业的同时，也给母校其他学生的形象带来不利影响。

3.3.2 不利于大学生素质培养和人才强国战略的实施

诚信原则是与人交往的基本原则。与人相处需要以诚相待，这样才能相互接纳和信任，从而有继续交往之可能，建立良好的人际关系。然而部分大学生在社会浪潮中迷失了自己，言而无信、急功近利甚至损人利己。从经济学的角度来说，信任是市场经济中重要的社会资本，诚信素养是构建良好的诚信观的基础。加强大学生诚信教育，让他们学会以诚待人，形成并维护良好的人际关系对他们的成长和未来发展具有重要意义，对国家人才强国战略具有重要意义。

大学生诚信的缺失会影响大学生个人的道德品质，不利于大学生自身素质的培养。诚信是一项基本道德素养，而且这种素养的形成需要大学生不断参加社会实践，努力提高自身修养，不断接受社会道德教育。大学生是国家和社会管理、发展的接班人，他们道德水平的高低直接影响国家人才强国战略的效果和社会主义建设的成败。基本的道德品质包括：遵守道德规范、做人实事求是、讲求信用。诚信的缺失使一些大学生缺乏本应具备的素质和能力，直接影响到他们今后的成长成才，而道德品质高尚是“人才”的应有之义，真正的“人才”应当拥有良好的诚信等道德素养。因此，大学生诚信缺失必然会对国家人才强国战略产生直接的不利影响。

3.3.3 不利于社会主义市场经济体系构建和和谐社会建设

健康运行的市场机制需要诚信作为道德保障。公平竞争是市场经济的基本原则，充满活力的竞争环境需要公平原则来激发，良好的竞争体制需要公平原则来支持。但一些大学生存在考试作弊、伪造简历、骗取助学金等失信行为，通过这些不公平的手段获得成绩、工作、助学金等，久而久之，使部分学生养成了投机取巧、心存侥幸、漠视规则的不良习惯。这种失信却反而受益的反向竞争机制严重冲击着大学生的道德信仰和价值观，严重阻碍社会道德体系的构建和完善。这种现象若不制止，日益严重，可能会导致市场经济秩序混乱并给社会和经济健康稳定发展带来障碍。

大学生是一个国家未来的中流砥柱，是社会文化和价值观的传承者和发扬者，作为社会中极其重要的一个群体，他们的道德水平越高，整个社会的道德水平和文明程度自然也会越高①。反之，大学生诚信的缺失也将直接降低社会的道德水平和文明程度，而道德水平和文明程度的降低必然阻碍社会主义和谐社会的建设，不利于整个社会的发展和进步。

3.4 我国大学生诚信缺失的原因

导致大学生诚信缺失的原因是多种多样和多方面的，针对不同大学生个体，其诚信缺失的主要原因也不尽相同。诚信缺失的原因主要有社会环境、学校教育、家庭教育和大学生自身四个方面。

3.4.1 社会环境方面

（1）社会经济体制转型造成人的价值观混乱。

在新中国成立初期，受到生产力发展的限制采取了计划经济的经济体制，随着经济发展，我国政府实施了改革开放政策，市场经济蓬勃发展。因此，在由计划经济向市场经济接轨、农业社会向工业社会过渡的过程中，

① 张虹．大学生诚信缺失研究［D］．太原：中北大学，2013.

出现了不同的价值观念、制度安排等因素相互碰撞的情况，在新的市场经济体制下，新的道德体系和制度体系尚未建立，从而导致社会、经济、政治、生活中的失信现象普遍。同时，在价值多元、利益多元的情况下，价值标准和道德尺度呈多层次、多样化、相对化的趋势，导致人们思想观念、价值观念以及行为的冲突和碰撞，一些人将市场经济条件下的经济准则运用于人际关系中，效率至上和利益最大化原则成为人们为人处世的准绳。在经济利益上的急功近利，势必导致道德上的唯利是图，进而难免会造成一些人公德心淡漠，社会责任感弱化，行为失当，使得诚实守信的基本道德准则被功利化、庸俗化、物质化，善恶是非界限模糊①，从而导致一些人心理上的失衡和思想上的困惑。

（2）社会信用制度不健全、法律契约不完善。

在社会主义市场经济体制下，法律信用制度建设落后是导致大学生诚信道德缺失的重要原因。法律能够有效维护社会信用与社会公平，是制约诚信道德缺失的最后一道防线，尤其是在市场经济条件下，个人利益最大化的价值观念更需要一个强有力的约束机制，但是，这正是我国法律体系建设中所缺失的。这种缺失主要体现在社会信用管理立法工作严重滞后、社会对失信行为的惩罚不严、给守信者的收益不公平等方面。由于缺乏有效的诚信监督、制约机制以及完备的信用体系和惩罚制度，法律权威无法发挥作用，致使守信的人得不到好处、失信的人得不到惩罚，大学生缺乏对诚信道德的重视，以至于道德诚信底线失守、诚信缺失现象出现。

（3）就业等社会压力大造成信用危机。

随着教育制度的改革，每年有大量的大学生毕业且数量呈逐年递增的趋势，加上近年来经济不景气、经济危机爆发等原因，用人单位对需要的人才数量持悲观态度，出现“僧多粥少”的局面，这导致许多大学生“就

① 杜坤林．大学生诚信道德缺失现象的多维探析［J］．当代青年研究，2009（12）：34-37.

业难”。另外，很少有企业把诚信作为一项招聘的考核指标，“唯才是用”的用人标准使企业忽视了信用的重要性。在这种情况下，有的大学生为了能够在竞争中取胜，考试作弊屡禁不止，论文抄袭蔚然成风，求职简历弄虚作假，在面试时虚报自己的能力水平，就业签约后突然毁约。这样做不仅会失信于他人、失信于社会，更会失信于自己。大学生除了就业方面的压力，还要面临婚姻、住房、扶养老人、教育子女等方面的压力，众多方面的压力导致大学生放弃道德原则，选择了违背诚信的不当行为。

3.4.2 学校教育方面

学校不仅是传授知识的地方，也是培养学生思想道德素养的重要渠道。大学应从培养祖国、社会发展事业优秀接班人的战略高度，积极开展大学生诚信道德教育，把诚信道德教育作为高等教育不可缺少的重要部分，将学生“素质”教育体现在方方面面，做到“立德树人”。但现实中，学校往往缺乏培养学生优良品格的意识和动力，进而缺乏完善的诚信管理机制。

（1）学校的诚信道德教育意识淡薄、效果不足。

近年来，学校教育忽视道德培养，道德教育政治化问题日益凸显，使道德教育名存实亡，并且，现有的诚信教育方式大多效果不佳，没有很好地起到感化的作用。一是在传统应试教育影响下，学校将升学作为评价学生的唯一标准，以分数决定一切，只关注学生的考试成绩，而忽略了对学生其他方面素质的培养。虽然国家大力推行素质教育，但应试教育依然在披着素质教育的外衣大行其道，社会、学校、家长和学生都将注意力集中在学习成绩上，把考试成绩作为评价学生的唯一标准。中小学是学生素质培养的重要阶段，我国的诚信道德教育恰恰在这一阶段缺失最为严重。整个社会评价一所学校好坏往往也都是以学生成绩为准，致使学校缺乏对学生进行“素质”教育的动力。学校对学生的诚信道德教育意识淡薄，动力缺失，这是大学生诚信缺失极为重要的原因。二是虽然我国提倡素质教育，重视素质教育，但是由于人力、物力、财力缺乏，只重视道德理论教育而忽视实践教育、诚信教育方法低效等方面的原因，诚信道德教育工作没有取得很好的效果，对大学生诚信品行的培养没有产生良好的作用。

（2）高校诚信管理机制不足。

高校在诚信方面的管理也有所不足。一是缺少师资诚信管理机制。学校师资考核评价过于注重教师的学历专长和学术水平，而忽视了教师诚信建设以及师德评估，致使学校存在学术腐败、迎合上级、弄虚作假、内部管理因人而治的现象，这些都对诚信建设造成了不好的影响。二是缺少有效的学生诚信管理机制。大多高校只关注于对学生的知识传授和学校的科研、学科水平建设，在学生的素质培养方面缺乏严格且行之有效的机制，对学生的诚信行为缺乏严格的奖惩制度。以申请贫困生助学金为例，高校的评选过程缺乏透明、公平和合理性，相当一部分学生依靠人际关系或其他非贫困因素获得助学金。对那些获得助学金的学生的资格缺乏监管，对“骗助”的学生缺乏惩戒。三是高校辅导员工作任务定位不清。高校辅导员是高校思想政治教育的主要贯彻者，对学生进行思想政治教育是其工作的重要任务。然而高校对辅导员的定位和认识却存在一定的误区，认为辅导员的工作只是“打打杂”，“只有专业不精的人才会去当辅导员”。在这样的大环境下，目前大多数辅导员没有正确地认识到自身的价值，对自己工作任务的定位有所偏颇，丢掉了本职工作，导致自身思想政治理论水平没有在实践中得以提高，没有积极引导大学生树立优良的思想品德①，这些都使得大学生诚信教育无法达到理想的效果。

---

① 兰慧君．大学生诚信缺失及教育对策研究［D］．太原：中北大学，2013.

3.4.3 家庭教育方面

家庭是人生的第一课堂，家庭教育对个人品德的塑造具有重要作用。良好的家庭教育能够使大学生在青少年时期明辨是非，塑造正确的价值观，进而很好地抵御不良事物的侵害并为其以后的健康发展打下良好的基础。然而许多家长缺乏对子女进行道德教育的意识，也缺乏科学的教育方式。

（1）缺乏对诚信的重视。

家长是孩子的第一任老师，也是大学生教育的重要组成部分，父母的言行举止对孩子的行为具有潜移默化的作用，因此，家庭教育在大学生的诚信教育中具有重要地位。然而在望子成龙的期望以及应试教育的体制下，家长过于关注智育而忽视了德育，使学生认为只要学好知识、获取高分、考取名校就可以，忽视了对诚信道德的关注。其次，很多家长自小就向子女灌输“凡事多一个心眼，老实人容易吃亏”的观念，加之很多家长自己就存在着失信的问题，在与人交往时处事虚伪、虚报工作成绩等，子女在这种失信的环境中成长，不可避免地会产生失信行为。另外，在竞争激烈的今天，很多家长由于工作繁忙，经济压力大而无力顾及子女的道德教育。一些家长片面注重于满足子女的物质需要，为孩子创造更好的物质基础，却忽视了对子女素质方面的培养①，这种思想道德教育的缺失导致家庭诚信教育的不足。

（2）缺乏科学的教育方式。

家庭的经济状况、社会地位、人生态度、生活状况以及成员之间的关系等都对孩子的思想产生影响，形成他们最初的行为准则和道德观。我国

① 王占文．大学生诚信问题及对策研究［D］．石家庄：河北师范大学，2014.

的家庭教育中普遍存在专制服从和溺爱放纵两类极端的家庭教育[1]。棍棒下的教育方式使子女行为偏激，甚至会迫使孩子走向一个畸形的发展道路，比如撒谎、逆反等，而被溺爱的子女则会出现自私自利、霸道等心理。此外，在家庭的高压教育下，尤其是在片面注重孩子考试成绩的教育方式下，很多学生不得不采取作弊、抄袭等失信手段获取一个好成绩。另外，家长的言传身教影响孩子的价值观，父母的一言一行对孩子形成直接的示范作用，影响着子女道德品质的培养。但一些家长同子女间缺乏良好的沟通，没能很好地向孩子传递正确的价值观和道德规范，当子女出现失信等道德缺失行为时，往往只是责骂他们，而不注重同子女心灵上的沟通，没有采取正确的方式让孩子认识到自身的错误，进而产生对诚信等道德品质的认同。一些夫妻间缺乏理解、沟通、信任，甚至缺少感情，导致夫妻关系不和谐，争吵不断，离婚、再婚变得越来越平常，单亲家庭、重组家庭越来越多，且由于家庭关系不和谐造成的孩子心理障碍、性格变异、心理疾病等都会严重影响他们的思想道德观念，而道德观念一旦扭曲，诚信观也便无从谈起[2]。

3.4.4 大学生自身方面

除了上述外因外，大学生自身因素也是导致大学生诚信缺失的重要原因。在认识到导致大学生诚信缺失的外在因素的同时，也应意识到大学生诚信缺失的内在因素。

（1）社会经验缺乏，思想观念不正。

大学生由于刚从高中进入大学，社会经验相对缺乏，诚信道德也由于心理不成熟、认知能力不足而缺乏稳定性，容易受到外界不良因素的影响，

---

① 杜坤林．大学生诚信道德缺失现象的多维探析［J］．当代青年研究，2009（12）：34-37.

② 兰慧君．大学生诚信缺失及教育对策研究［D］．太原：中北大学，2013.

形成错误的人生观和价值观。在人生观方面，过于功利化、世俗化。市场经济中的功利主义倾向在学校和社会中比较明显，这反映了当今社会中存在浮躁现象。现实中，随意毁约、缺乏诚信、轻情重利、钩心斗角等现象时刻反映着社会的消极面，使大学生受到潜移默化的影响而过分注重名利，甚至为之不择手段。此外，部分大学生缺乏远大的、崇高的社会理想，沉迷于物质的东西而无法自拔，逐渐形成一种消极的、世俗的人生态度，为追逐名利而寡诚失信、自私自利；在价值观方面，价值目标短浅化、价值意义狭隘化、价值实现投机化。大学生人生价值的大小取决于对社会贡献的大小，并在实现社会价值的同时实现自我价值，但是部分大学生把个人价值摆在了社会价值之上，当二者冲突时马上作出有利于自己的选择来满足自我价值。另外，由于计划生育的影响许多家庭的孩子都是独生子女，他们更易于受到父母的溺爱，也更倾向于以自我为中心，而这更容易使大学生过于关注自身利益而选择失信。

（2）道德认识不足，缺乏诚信坚守。

大学生的社会阅历尚浅，判断是非的能力较弱，其道德认知在一定程度上存在一些偏差。一是对道德的重要性认识不足。很多大学生认为诚信道德是空虚而不可靠的，将着眼点放在眼前利益，奉行利益至上的观点，没有意识到诚信是每个人的立身之本，当面对一些寡诚失信、溜须拍马者获利，诚实守信者却反而吃亏的例子时，部分大学生对诚信道德的意义产生怀疑，进而形成诚信道德在社会中作用很小的想法。二是缺乏对诚信的培养和坚守。一些大学生认为当今社会的诚信道德水平低下，诚信者只会吃亏，因此没有必要让自己成为一个讲诚信的人。一些本来认为应该诚信的大学生，在看到周围不诚之风盛行时，诚信观念动摇，甚至选择随波逐流，缺乏对诚信品格的坚守①。大学生不能只看到社会中失信的一面，应当

① 张虹．大学生诚信缺失研究［D］．太原：中北大学，2013.

认识到社会上诚实守信的人依然很多，他们才是值得学习的榜样，只要每个人恪守诚信，良好的诚信环境终将实现。

（3）道德知行背离，责任意识淡薄。

无论是社会还是学校都没有建立起诚信缺失的有效惩罚机制，对大学生的诚信缺失行为没有进行有效的处理，进而使得大学生诚信责任意识淡薄，产生了诚信缺失行为。道德知识不同于其他知识，道德知识是处世方法和人生价值的原理准则，更多的是注重于实践和行为实际，讲究的是“知行统一”。一些大学生责任意识淡薄，使他们在诚信道德方面突出表现为“知”与“行”的背离，他们虽然知道诚信道德的意义，也知道诚实守信是每个人的立身之本，是每个人都应当具备的道德品质，也对身边投机取巧、抄袭作弊、坑蒙拐骗、骗取助学金等现象深恶痛绝，但却不在日常生活中遵守诚信原则，不在实际行为中保持诚信，在面对利益的诱惑时就抛弃诚信。在要求别人时采用诚信标准，而涉及自身利益时则采用另一套标准，以自我利益作为诚信标准取用判断的依据①。

3.5 诚信教育的发展趋势

把握大学生诚信教育的发展趋势，对科学有效地进行大学生诚信教育具有重要现实意义。随着经济社会的发展，大学生诚信教育面临着新的机遇与挑战，出现了以下几个发展趋势。

① 王占文．大学生诚信问题及对策研究［D］．石家庄：河北师范大学，2014.

3.5.1 从单要素到多主体合力作用

诚信教育主体是指在诚信教育中能够影响到大学生诚信水平的组织或个人。大学生个人诚信时刻受到多元主体的影响，家庭、学校、社会都对大学生诚信品德的形成和改变具有十分重要的作用。若忽视其他方面的教育，单独从其中某一方面着手加强大学生诚信教育，则其他方面的负面影响必然弱化这种教育的效果，仅强调某一方面的诚信教育必然是无力的。在诚信教育的过程中，必须要同时加强对学生的家庭教育和学校教育，另外，鉴于社会环境对大学生诚信的影响，也应当加强社会诚信建设。一方面，家庭、学校、社会能够直接对大学生诚信产生影响；另一方面，这些主体也能够对其他主体产生影响，进而间接影响大学生诚信水平。社会环境的高诚信水平和高诚信要求，会影响家长和高校的诚信观念，提高他们对诚信的认同，进而使他们加大对大学生诚信教育的力度；这些诚信教育的主体及其直接、间接的影响共同构成了影响大学生诚信水平的“诚信生态系统”。加强大学生诚信教育需要系统的合力作用，这会为大学生诚信建设带来“1+1>2”的效果。

3.5.2 从线性教育到生态教育

诚信教育在强调家庭、学校、社会对大学生的直接、线性教育的同时，必须加强彼此的沟通、协调和联动，以形成大学生诚信教育的“诚信生态系统”。高校应结合家庭和社会的力量，统一诚信教育的指导思想和目标，建立有效的沟通和联络机制。学校和家长可以通过网络、电话等建立诚信教育交流平台①。学校和家长及时有效沟通，以便家长和学校及时地、更多

① 汪倩．当代大学生诚信教育研究［D］．兰州：西北师范大学，2014.

地了解大学生的具体状况，学校及时调整教育方案，进而更好地进行诚信教育。另外，社会也需要广泛开展同学校的联络。在社会诚信档案的构建中，社会、学校间应建立彼此交换诚信信息的机制，共同完善大学生诚信档案的建设。在加强家庭、学校、社会对大学生的诚信教育的同时，加强他们彼此间的协调和联动，强化大学生诚信自律的引导机制，共同构建大学生诚信教育生态系统。

3.5.3　从外化教育到内生驱动教育

大学生诚信教育的目的是使他们能自觉地把外在的诚信准则内化为自身所遵循的理念，并通过自我评价、自我激励、自我监控等方式树立起自身的诚信品格。因此，在大学生诚信品格的培养过程中最重要的是要强调自律，强化道德历练，借助对自身失信行为进行惩罚的方式来加强诚信行为，并使这种行为最终内化为一种习惯。

因此，必须加强对大学生自省、自警意识的培养。大学生选择诚信行为，不仅要靠强力制度力量的外化作用，还要靠自身的自警和自省。大学生在复杂的社会环境下，必须要时刻反省自己的思想行为是否符合诚信的要求，时刻向好的榜样学习，一旦发现自身有失信的行为，就要勇于自我批评并能及时纠正。自警是防御性的道德自律手段。市场经济的本质是趋利的，它会使一些大学生为满足私利而抛弃道德底线①。当下，社会对大学生群体高度关注，并给予了大学生众多支持，在这样的背景下，大学生应当时刻提醒自己、告诫自己切莫辜负社会的殷切期望，时刻坚守诚信品格。

① 王旭涛．大学生诚信教育机制研究［D］．成都：西南财经大学，2007.

另外，应注重感化教育，加强心灵沟通。当代大学生逆反心理较为普遍，且有较强的自尊心，高校和家庭在发现失信行为时，都应尽量避免采取公开、过激手段打击、教育学生。应在可行的前提下尽量采取感化教育，同学生加强沟通，并要注重沟通的艺术。在沟通中让学生意识到错误，改过自新，自觉遵守诚信要求。

3.5.4 从注重理论教育到理论与实践相结合

大学生诚信教育应当做到理论与实践相结合。诚信不单有道德认知方面的要求，更有道德行为方面的要求。通常来说，诚信的道德认知程度越高，诚信道德行为就会表现得更加自觉、更加优秀，同时，诚信道德行为的强化会促使道德认知水平进一步提高。但是道德认知同道德行为间不能简单地画等号，不能误以为促进了诚信道德认知的提高也就改善了诚信道德行为[①]。对大学生进行诚信教育的最终目的是使他们具备良好的诚信行为，而忽视诚信实践教育将导致大学生诚信教育脱离实际，难以使大学生的诚信意识外化为诚信行为。另外，诚信实践教育的开展能够使诚信教育更具感染力和影响力，让大学生在实践中领悟到诚信的价值，增进对诚信的认同，从而促进大学生诚信品质的形成和升华。

3.5.5 强化诚信管理机制

为使大学生诚信教育达到目的，仅通过教育这种“软”约束是远远不够的。不仅要加强大学生诚信的道德教育，更重要的是要加强诚信管理机制这种“硬”约束，以促进诚信之风的形成[②]。积极完善规范诚信行为的校规校纪、法律法规，使打击失信行为做到“有规可循”“有法可依”。一是

① 李美华．大学生诚信教育研究［D］．武汉：武汉理工大学，2006.

② 高云志．大学生诚信教育的现状分析及对策研究［D］．上海：复旦大学，2010.

要加强学校诚信规章制度建设。在学生诚信方面，制定完善的规章制度打击考试作弊、学术失信、骗取助学金等行为。在学校自身诚信方面，要制定严格可行的法规、校规防止高校在招生、招聘、管理等方面的失信行为。二是要加强社会诚信法制建设。比如完善与知识产权、金融、信贷、中介机构执业规范等相关的法律法规，通过法律强化诚实信用的观念，加大执法力度，使失信行为得到应有的惩罚。

4

大学生诚信教育生态系统的形成机理

大学生诚信教育生态系统是基于生态系统的视角，将大学生诚信教育生态系统中的教育主体和教育客体，以介质为纽带，在社会、学校、家庭和网络环境中，形成的具有互动关系的网络结构，最基本的构成形式是教育主体和教育客体之间的相互联系和相互作用①。本章从形成条件、动力基础、内在机理和优化功能四个方面探析大学生诚信教育生态系统的形成机理。

4.1 形成条件

大学生诚信教育生态系统中各要素之间存在着复杂的关系，既包括教育主体和教育客体之间的知识、能力、经验、思想的传递，也需要社会、学校、家庭、网络提供的制度、习惯、约定俗成的熏陶与支持。因此，了解大学生诚信教育生态系统，可以从教育主体和教育客体自身的生存发展，教育主体与教育客体之间优势互补、协同发展，以及教育环境的支持和教育取向等方面展开。

4.1.1 必要条件

教育主体和教育客体交往是大学生诚信教育生态系统形成的必要条件。生态系统之所以成为系统，是因为其构成要素之间相互联系、相互作用，大学生诚信教育生态系统也是如此。大学生诚信教育生态系统的教育主体主要有教师、家长等，教育客体即大学生，他们之间相互作用、相互影响，

① 刘静．大学生诚信教育生态链的形成机理分析［J］．江苏高教，2011（5）：116-117.

形成了师生、生生、亲子和家校关系。在社会、学校、网络等环境中，教育主体和教育客体在相互联系、相互交往的基础上，通过介体（教育目标、内容、途径和方法等）互相传递诚信教育内容，教育主体根据定期或不定期的评价结果，及时调整教育目标、内容、途径和方法等，使介体随着经济社会发展而不断优化和完善，使诚信教育措施在时间和空间上更具针对性和时代气息，更贴近大学生日常学习、生活，使师生、生生、亲子和家校关系更加和谐，以期实现更好的诚信教育效果。

4.1.2 充分条件

营养循环是大学生诚信教育生态系统形成的充分条件。生态系统中各要素在不断进行物质、信息、能量等交换和流动，相互作用、相互汲取营养，才能不断共同发展、演化。大学诚信教育生态系统的形成也是如此，仅仅依靠教育主体和教育客体之间交往这个必要条件是不够的。在大学生诚信教育生态系统的形成过程中，一方面，各教育主体与客体之间不断发生知识、思想、经验、教训的相互学习、交流和内化，教育主体与教育客体在教学相长过程中，双方的诚信品质和诚信水平均得到提高；另一方面，在教育主体和教育客体诚信水平提高的基础上，双方可以更深入地进行高层次的相互学习、交流和内化，这就是诚信教育生态系统的营养循环。教育主体与客体之间相互交往不仅实现了教育主体与教育客体的自身价值，而且还通过营养循环产生了正反馈效应、负反馈效应和联动效应，从而促进大学生诚信教育生态系统的发展和完善。

4.1.3 外部条件

教育环境是大学生诚信教育生态系统形成的外部条件。诚信教育离不开环境的熏陶和支持，环境对于大学生的成长起着潜移默化、春风化雨的作用，营造良好的诚信教育环境对于大学生诚信教育起着至关重要的作用。因此，构建和优化校园环境、社会环境、家庭环境、网络环境就显得尤为重要，有意识地创造一个人人讲诚信、事事讲诚信、时时讲诚信、处处讲诚信的良好环境，感染和熏陶大学生，以提高诚信教育的实际效果①。

在社会环境方面，诚信政府是关键因素，健全的与诚信相关的法律法规和社会征信系统能有效地约束大学生践行诚信。诚信教育是一项系统工程，在人的成长过程中，做好前期诚信教育，尤其是中小学生诚信教育，将为大学生诚信教育夯实基础。此外，在互联网时代，充分发挥网络的诚信教育作用：一方面，借助网络等各种媒介加强对诚信道德的宣传，引导和激励大学生主动践行诚信；另一方面，借助网络平台，将大学生诚信监管与社会征信系统有机联系起来，把大学生诚信记录作为社会诚信的重要参考，更好地约束大学生的诚信行为。

在学校环境方面，形成全员动员、人人参与到诚信教育工作的局面中去，进而通过多种渠道、多种载体、多种形式的诚信教育活动形成褒扬诚信、批评失信的校园氛围，为大学生诚信教育创造最直接、有利的环境。

在家庭环境方面，父母坚持德育为先、全面教育的观念；高度重视诚信，对子女严格要求；在日常生活中言传身教，身体力行，给子女树立良好的诚信榜样，都有助于形成良好的诚信家风。

学校和家庭对大学生的诚信惩戒、监管要以与诚信相关的法律法规和社会信用监管机制为基础，保持及时沟通，可以达到事半功倍的效果②。同时，学校教育、家庭教育、社会教育同步跟进，形成合力，以政府的相关政策为指导，形成有利于大学生诚信教育的外部环境。

① 汪倩．当代大学生诚信教育研究［D］．兰州：西北师范大学，2014.

② 唐武英．生态系统理论视角下的大学生诚信问题研究——以乌鲁木齐高校为例［D］．乌鲁木齐：新疆财经大学，2014.

4.2 动力基础

大学生诚信教育生态系统的动力是指推动大学生诚信教育生态系统建立并完善的各种力量或因素，主要有经济、生态和自我完善与发展等动因。

4.2.1 经济动因

在理性人假设的条件下，利益是教育主体和教育客体参与大学生诚信教育生态系统的动力基础，而其他可能的动力源，如生态原因、自我完善与发展、建设社会主义和谐社会等只能作为补充或辅助的动力基础。大学生诚信教育生态系统的形成有两个基本的经济动因：一是纵向比较受益，各教育主体/教育客体因守信行为所获得的利益大于失信行为所获得的利益，诚信教育主体/教育客体就会积极主动地践行诚信行为，拒绝失信行为的发生；二是横向比较受益，守信的教育主体/教育客体比失信的同类教育主体/教育客体能获得更多的利益，就会引导各教育主体/教育客体自觉履行诚信诺言。市场经济是一种契约经济，其基础是信用经济，随着社会信用体系的不断完善，各教育主体/教育客体在大学生诚信教育过程中，不仅能够提高自身的诚信水平，而且在日常的生活和经济交往中能够获得更大的利益，最终实现提高大学生素质、满足社会主义市场经济建设和人才强国战略的需要。

4.2.2 生态动因

大学生诚信教育生态系统是一个有机系统，其完整的结构和功能集中体现在生态系统的生态效益。教育主体和客体之间相互交流、相互作用的结果将对大学生诚信教育生态系统动态平衡产生一定的影响，从而直接关系到生态系统上各教育主体/教育客体的生存、发展的生态环境质量。通过大学生诚信教育生态系统的整合和优化，可以提高生态效益。对于大学生诚信教育来说，良好的生态效益是指社会信用体系建设不断完善和健全、学校教育环境逐渐优化和受到重视、家庭教育发挥更大的潜移默化作用、网络舆论环境发挥更大的引导与监督作用。大学生诚信教育生态系统中教育主体和教育客体之间的积极互动、双向交流，不仅能有效地提高教育主体/教育客体自身的诚信品质和诚信水平，而且对诚信教育环境有一定的辐射、优化和净化作用；同样地，环境的改善也有助于促进教育主体和教育客体之间相互激励、相互学习，共同发展、共同进化。

4.2.3　自我完善与发展动因

自然生态系统的生存和发展需要各子生态系统的平衡和发展。同样，由诚信教育主体和教育客体构成的社会诚信教育生态系统、学校诚信教育生态系统、家庭诚信教育生态系统和大学生自我教育是大学生诚信教育生态系统的基础，它直接影响和制约生态系统中各教育主体/教育客体的自我完善和发展。大学生诚信教育生态系统中教育主体/教育客体的自我完善与发展，是指各教育主体/教育客体在满足整个生态系统发展的同时，利用生态中有利因素进行自我完善和发展，增强对系统外部有利因素的吸引力，增加整个生态系统结构的可靠性与稳定性，提高规避和抵抗风险的能力，不断优化大学生诚信教育生态系统，进而推动社会诚信教育生态系统、学校诚信教育生态系统、家庭诚信教育生态系统、网络诚信教育生态系统的整合、优化和发展。

4.3 内在机理

大学生诚信教育生态系统中各教育主体/教育客体在凝聚力、感召力、亲和力的作用下，形成师生关系、生生关系、亲子关系、家校关系，教育主体和教育客体之间的聚集度不断增加。在各种关系的基础上，进一步衍生、拓展并辐射到更广泛的范围，形成网络结构①。

4.3.1 师生关系

师生关系是指教师和学生在教育、教学活动中形成的相互关系，包括彼此所处的地位、作用和相互对待的态度，良好的师生关系是诚信教育活动取得成功的必要保证。师生关系具有极为丰富的内涵，是大学生诚信教育生态系统中最重要的一个关系，它是以教师和学生为核心，以师生人际心理沟通为基础，以民主管理为手段，以超越代际朋友般尊师爱生关系为外在标志的有机关系，由教与学关系、心理关系、情感关系、道德诚信关系、对话关系和反思关系等多层面关系组成②。充分发挥教师的模范作用，将传统以教师权威为核心的单向性、功利性和间离性灌输式教育转变为师生平等互动、以学生为主体、双向、相互促进式教育，能够有效地促进和谐师生关系的实现。在教学相长的过程中，师生以和谐、民主、平等、尊重、理解、信任为交流原则，形成新型师生关系，共同为大学生诚信教育营造出良好的氛围。新型师生关系既是素质教育的重要组成部分，也是大

① 朱家安．德育生态论［D］．武汉：华中师范大学，2008.

② 车琨．新型师生关系之特点及构建［J］．长春教育学院学报，2015（2）：137-138.

学生诚信教育生态系统中最重要的一种关系，能够转化为强大的教育力量，激励大学生的自我教育。

4.3.2 生生关系

生生关系是指学生与学生之间的人际交往关系，是一种平等关系，既包括相互竞争的关系，又包括相互合作的关系，它在拓宽学生人际交往的范围、加深积极的情感体验并沟通和传达情感信息、增加交往和了解的机会、建立友谊和信任等方面发挥很大的作用。与师生关系相比，由于师生关系是一种垂直关系，师生之间很难达到平等的地位；而生生关系是一种大学生之间的水平关系，它可以提供更多的学习技能和交流经验的机会①。大学生诚信教育的客体是大学生，作为高等院校中数量最大的群体，大学生交往的基础是人格平等。在日常学习、生活过程中，大学生社团成为大学生群体发展的凝聚核心，通过组织各种各样的活动，能吸引更多的大学生或大学生社团向其靠拢。一般情况下，大学生社团是在校团委指导下以共同兴趣为基础而成立的非正式团体，在多年发展过程中，逐渐形成了约定俗成的社团文化，引导和约束大学生的日常行为，达到大学生自我教育的目的。

4.3.3 亲子关系

亲子关系是指父母与子女之间的相互关系，是家庭人际关系中最基本、最重要的人际关系。亲子关系的和谐与否决定着大学生社会化过程是否顺利，是否会引发心理障碍，也决定着大学生社会化程度可能达到的水平②。

---

① 王军．体育教学心理学环境视域下的生生关系研究——以甘肃普通高校为例［J］．甘肃联合大学学报：自然科学版，2011（5）：79-81，120.

② 刘登攀．大学生亲子关系初步调查研究［J］．教育教学论坛，2016（15）：62-63.

虽然大学生已经成年，已经离开父母和家庭，但由于经济上尚未独立，正处于世界观、价值观和人生观的形成阶段，还有相当一部分大学生第一次离开家庭，在经济上和情感上对家庭还有很大的依赖性，因此，和谐的亲子关系仍然是大学生健康成长不可或缺的因素，而且家庭教育可以发挥学校教育难以替代的亲情优势，可以弥补学校思想政治教育工作缺乏针对性的缺憾。由此可见，亲子关系是大学生诚信教育生态系统的重要一部分。

在现实中，学校诚信教育都注重发挥家长的教育优势，把家庭教育作为学校教育的重要补充，密切家庭和学校合作。一方面，无障碍沟通的新型亲子关系有利于家长发挥潜移默化的诚信教育功能。中国传统的亲子关系多是单向、训导式的交流关系，随着社会经济的发展，逐渐形成了双向互动、咨询引导式的亲子关系，父母以亲和力引导大学生诚信行为。另一方面，学校的感恩教育可以引导大学生主动向父母表达感恩之情，经常向父母汇报自己的学习、生活情况，为开展家庭教育营造良好的氛围。此外，家庭与学校联动、协作机制是大学生诚信教育生态系统的重要机制之一。定期将大学生在校生活、学习、思想表现等情况通报给家长，引导家长参与到大学生诚信教育中来①，让家长认识到家庭教育是大学生诚信教育生态系统中不可或缺的一个环节。

4.3.4 家校关系

家校关系把家庭教育纳入到大学生诚信教育生态系统中，体现了大学生诚信教育主体的完整性。家庭是一个人生活的终身场所，其教育也具有终身性。苏霍姆林斯基曾说过：“教育的效果取决于学校和家庭影响的一致性，如果没有这种一致性，那么学校的教学和教育过程就会像纸做的房子

① 杨翼丞. 湖南省大学生亲子关系调查与分析［J］. 湖南第一师范学院学报，2016（1）：61-64.

一样倒塌下来。"[①] 家庭教育采用平等的沟通方式，真正了解大学生的所思所想，使家庭教育产生实际的效果[②]。父母借助多种交流方式，与子女建立长效的沟通渠道，关注子女在大学里的学习、生活动态，及时提供咨询建议，鼓励子女进行自我教育，提高自我教育的能力。因此，在充分发挥学校教育在大学生诚信教育中主导作用的基础上，家庭教育应该与学校教育密切联系，形成教育合力，共同促进大学生诚信教育生态系统的健康发展。

4.4 优化功能

整合各构成要素进而优化生态系统结构及其运行是生态系统的一个重要功能，大学生诚信教育生态系统同样具有整合优化功能，主要表现在以下三点。

4.4.1 激发大学生主观能动性

苏霍姆林斯基曾指出："要知道，道德准则，只有当它们被学生自己去追求、获得和亲身体验过的时候，只有当它们变成学生独立的个人信念的时候，才能真正成为学生的精神财富，在道德信念的形成中其自我形成的过程才能深刻。"[③]《中庸》中也有言"诚者自成也"，也就是个体诚信品质的获得归根结底是自我追求、自我约束的结果。因此，构建大学生诚信教

---

① ［苏］苏霍姆林斯基．给教师的建议［M］．杜殿坤，译．北京：教育科学出版社，1984.

② 陈轻轻．浅析大学生家庭教育的缺失及对策［J］．鸡西大学学报，2016（2）：8-10.

③ ［苏］苏霍姆林斯基．苏霍姆林斯基选集：第三卷［M］．蔡汀，王义高，祖晶，译．北京：教育科学出版社，2001：219.

育生态系统，通过对教育主体与教育客体及其相互关系、相互作用的分析，可以进一步明确在大学生诚信教育中发挥主要作用的各种因素和原动力。在充分尊重大学生在诚信教育活动中的地位和人格的基础上，坚持民主、开放、互动的生态意识，有助于激发和调动大学生的主观能动性，引导大学生主动塑造适应社会主义时代精神的诚信道德品质，实现诚信教育内容主动认知、同化和内化的能动过程，其关键是通过对诚信的认知和接受，形成诚信自律，并付诸诚信行动和实践，达到自我教育的目的。

4.4.2 优化教育内容

大学生诚信教育生态系统不仅强调要加强师生关系的互动，还强调要发展和谐的生生关系、亲子关系和家校关系；不仅强调要进一步加强学校诚信教育，还强调要注意与社会诚信教育、家庭诚信教育和网络诚信教育协调发展；不仅强调了大学生诚信教育，还强调了要与中学诚信教育、社会诚信纵向一体化协调发展；不仅强调了要加强诚信教育，还强调了要与中华传统美德教育、职业道德教育、法治教育等其他道德教育横向协调一体化；不仅强调“自律”教育，还强调“他律”教育，“自律”与“他律”相互协调、统筹兼顾。因此，大学生诚信教育生态系统的构建，并不是仅仅从教育主体/教育客体的数量扩大来考虑，而是希望构建更加和谐的师生关系、生生关系、亲子关系和家校关系，并通过这些关系协同、互动来丰富大学生诚信教育的内容和方式，营造良好的诚信教育环境，充分体现诚信教育内容的生活化与真实性。

4.4.3 净化教育环境

大学生诚信教育生态系统的构建和完善，有助于提高教育主体/教育客体的自身诚信品质和其他道德素质。为了提高大学生诚信教育效果，生态系统中各教育主体和教育客体的联系与互动要求教育主体必须身体力行，以身作则，与大学生之间建立以学生为本、尊师爱生、民主平等、和谐融洽的新型关系，用其人格的魅力和真实的情感去感染、打动大学生；要求进一步完善以学校诚信教育为主导、以家庭诚信教育为基础、以社会教育为依托、以网络诚信教育为新阵地的诚信教育生态系统，并充分发挥其协同作用；在友好、和谐的生生关系、师生关系和亲子关系的作用下，发挥家校关系的基础作用，形成教育合力，充分净化大学生诚信教育的环境。

5

大学生诚信教育生态系统的构建机制

构建大学生诚信教育生态系统，应依据生态系统的整体性原则，建立诚信教育与其他道德教育相结合的横向协同机制；依据生态系统的持续性原则，建立诚信教育的连续性与阶段性相统一的纵向协同机制；依据生态系统的自组织性原则，建立大学生自我教育、自我管理的内控机制；依据生态系统有序调控性原则，建立健全大学生信用制度和诚信管理机制；依据生态系统的开放性原则，建立社会教育、学校教育、家庭教育和自我教育的联动机制①。

5.1 横向协同机制

生态系统是一个多物种构成的复杂系统，其所有物种是以一个网状的关系彼此相互作用、相互依赖的。大学生诚信教育也不是孤立的，它是高校德育系统的一个部分或是一个节点，其目标的实现有赖于与之相关各个部分的整体互动，产生横向协同合力。

5.1.1 显性教育与隐性教育相结合

显性教育和隐性教育是大学生诚信教育常用的两种基本方式，二者既相互联系也相互独立。显性教育是指“利用各种公开的手段、公共场所，有领导、有组织、有系统的思想政治教育方法”②。隐性教育最早由美国的杰克逊于1968年在《教育生活》一书中首次提出，是指“教育者按照一定

① 何小春．生态学视野下大学生诚信教育的系统构架［J］．广西社会科学，2009（7）：100-103.

② 王瑞荪．比较思想政治教育学［M］．北京：高等教育出版社，2001：278.

的社会目的和要求，通过潜藏的教育性因素间接地对教育对象的思想和个性渗透塑造性影响活动的手段和方式”①。显性教育与隐性教育各有优劣，显性教育的目的性和实效性较高，但对接受者来说多是被动接受；对接受者来说，隐性教育多是主动接受，但在教育过程中存在缺乏理论系统性和直接调控性等问题。因此，只有将显性教育与隐性教育相结合，才能取二者之优势，弥补二者之不足，切实有效地构建大学生诚信教育生态系统，进而提升大学生诚信教育生态系统的良性发展②。

显性教育与隐性教育相结合，有以下三方面的作用：首先，有利于实现诚信教育目标。虽然两者在教育方式等方面上有所不同，但二者在本质上是相互联系的。将显性教育与隐性教育相互渗透、相互配合、统筹兼顾，能实现一定程度上的互相转化，从而推动诚信教育目标的实现。其次，有利于实现诚信教育方式的多样化。在开展有关诚信理论性的显性教育时，采取理论知识与案例分析相结合、中国传统美德与时代精神相结合、历史上经典故事和大学生身边的实实在在的诚信事例相结合的方式，采用生动活泼、喜闻乐见、灵活多样的手段开展贴近大学生生活实际的诚信教育活动，将诚信理论隐藏在具体的实例中，能够提高大学生的学习兴趣，把原来枯燥的说教式教育转变为愉悦、生动、主动式教育。最后，有利于提高诚信教育的效果。两者相结合，能够将诚信教育由课堂延伸到课外，由校内延伸到校外，由教书深入到育人，使得诚信教育效果以不同的方式、层面、途径，全方位、多层次地得到实现。

---

① 金晓萌，曹军．论高等学校思想政治教育中的隐性教育［J］．沈阳农业大学学报：社会科学版，2011（2）：20-23.

② 缪倩．构建显性教育和隐性教育相融合的大学生诚信教育模式［J］．乐山师范学院学报，2016（2）：131-135.

5.1.2　诚信教育与传统美德教育相结合

在中国传统历史文化中，诚信具有普遍意义的伦理道德规范，是立身处世和社会交往的基本准则和要求。中国传统美德历来重视人的“诚信”品质的教育，诚实守信是中国人公认的价值标准和基本美德。《孟子·离娄上》中说，“诚者，天之道也；思诚者，人之道也”。可见，诚是自然规律，追求诚是做人的规律。《说文解字》中说：“诚，信也”“信，诚也”，诚信的本义就是要诚实，诚恳，守信，有信。中国人形成了许多与之相关的道德品质，为人要诚实，待人要诚恳，对事业要忠诚；以诚待人，以信取人，是我们中华民族最为优秀的传统之一。孔子云：“诚者，乃做人之本，人无信，不知其可”；韩非子曰：“巧诈不如拙诚”；陶行知也曾说过：“宁为真白丁，不作假秀才”；“君子养心莫善于诚”（《荀子·不苟》），季布一诺胜过千金，商鞅变法立木求信，君子一言驷马难追等类似的故事和典故不胜枚举。习近平总书记明确指出，“要继承和弘扬我国人民在长期实践中培育和形成的传统美德”① “要处理好继承和创造性发展的关系，重点做好创造性转化和创新性发展”②。大学生对传统美德比较熟悉和认可，而且传统美德教育对大学生诚信起着很大的激励和引导作用，产生了极大的正面影响。因此，把中华传统文化批判地继承和创造性地转换应用，结合中华传统美德，促进具有时代精神和体现民族特色的诚信文化的形成，作为大学生诚信教育的一个重要内容，并运用克己内省、潜移默化的内在诚信修养法，塑造新时期大学生诚信品质③。

---

① 习近平．建设社会主义文化强国 着力提高国家文化软实力［N］．人民日报，2014-01-01（1）．

② 习近平．习近平谈治国理政［M］．北京：外文出版社，2014：164.

③ 刘继荣．大学生诚信素质的培养与重建［J］．思想教育研究，2011（9）：93-95.

5.1.3 诚信教育与职业道德教育相结合

诚信是一个人必须具有的社会公德，也是一个职业从业人员应遵守的职业道德。市场经济是契约经济，要求所有市场主体必须遵守契约，诚信是个人成就事业的根基，“无诚则无德，无信事难成”。因此，不仅要培养大学生的诚信品质，也要培养大学生的规则意识和职业道德意识。将大学生的诚信教育与职业道德教育相结合，有利于大学生认识到诚信是树立良好职业形象的重要因素，认识到职业诚信道德的基本要求即违反职业诚信应承担的社会责任。通过诚信实践教育和实习环节等方式，辅之以定期或不定期邀请优秀企业家或校友向大学生传授和讲解职业道德及亲身经历等方式，有利于让大学生充分认识到诚信是职业道德之基，理解诚信作为经济资源的重要性，激发大学生自觉培养的诚信品质和职业诚信道德意识①。

5.1.4 诚信教育与法制教育相结合

依法治国和以德治国是实施公民道德建设的两个基本途径。党的十八届四中全会对全面推进依法治国，建设中国特色社会主义法治体系和法治国家做出了总体部署。大学教育就是为社会主义事业培养可靠的建设者和合格的接班人。将大学生的诚信教育与法制教育相结合，加强大学生的诚信意识和法律意识的培养，是大学生教育的新时代需求。充分利用“两课”教育作为诚信教育主渠道的作用，将诚信法律教育放在诚信教育的首位并贯彻到专业课堂教育中。使大学生了解我国有关诚信的法律制度，使他们认识到诚信不仅是一种自律行为和自我素质提升的要求，更是一种法律要求。通过法制教育深刻理解诚信的法治内涵和价值，有利于为社会主义现

---

① 匡艳群．转型期大学生诚信教育机制研究［D］．长沙：湖南大学，2012.

代化事业建设培养出守法守信的高素质人才①。

社会信用体系的建立和完善是我国社会主义市场经济不断走向成熟的重要标志之一，它的核心作用在于，记录社会主体信用状况，整合全社会力量褒扬诚信，惩戒失信，可以充分调动市场自身的力量净化环境，弘扬诚信文化。因此，把诚信记录与社会征信系统相对接也是诚信教育与法治教育相结合的方式之一。

5.2 纵向协同机制

在生态系统里，每个物种的生存发展都必须依赖持续的与环境相适应和进化，物种的发展具有阶段性，前一阶段是后一阶段的发展基础，后一阶段是前一阶段的进一步进化，是一个不断进化发展的过程。大学生个人诚信人格的形成也是一个不断发展的过程，通过几次指导和讲授是无法使其诚信品行发生根本性变化的，正如一个人的诚信观念和行为方式不可能在短时间内获得实质性的突破一样，即诚信的养成不是一蹴而就的，需要一个长期的、一贯性的教育过程。这点与罗国杰的观点一致，他认为“道德教育过程的最后完成，在于养成道德习惯，使人们对于道德规范要求习惯于遵守，须臾不离，从心所欲而不逾矩。这就要求对人们不断进行教育，循环往复，以致无穷”②。大学生诚信教育应做到连续性与阶段性的统一，统筹规划，做到各个阶段的完美衔接，形成良性循环，从而产生纵向教育合力。

---

① 王雪岩．社会信用体系下大学生诚信教育机制的构建［J］．征信，2015（11）：57-59.

② 罗国杰．伦理学［M］．北京：人民出版社，2003：451.

5.2.1 中学生与大学生的诚信教育有效衔接

诚信教育是一项具有渐进性、层次性、系统性的复杂工程，是一个连续性的、伴随一个人一生的过程，幼儿园、小学、中学到大学是一个整体，既有联系又有区别，是相互作用、相互影响的。中学生和大学生的诚信教育是学校诚信教育的两个不同阶段，二者各有侧重点，中学生诚信教育为大学生诚信教育打下基础，大学生诚信教育是中学生诚信教育的继续和深化，从而使纵向教育力量不断积累深化。同时，中学生和大学生的诚信教育不仅要适应社会时代发展的需要，也要符合中学生和大学生身心发展的客观规律。因此，中学生和大学生的诚信教育应符合客观规律，既要根据各自成长阶段的特殊性、知识程度和不同的心理需求进行针对性的、循序渐进的教育和引导，又要做到两个诚信教育阶段在教育目标、内容、方法等方面的有效衔接。中学生和大学生诚信教育的有效衔接的关键在于必须认识到诚信教育是持之以恒的过程，中学生诚信教育与大学生诚信教育是这一整体的不同阶段，既要依据各自的特点进行针对性的教育，又要使两个阶段的诚信教育呈现系统性。在诚信教育实践中，注重诚信教育阶段的衔接，可以建立学生诚信档案，增进诚信教育工作者沟通，从教育体系、课程设置、教材编写、教育方法等多方面进行有效衔接，引导大学生逐渐形成正确的诚信认知、深厚的诚信情感、坚定的诚信意志、果断的诚信行为①。

5.2.2 大学各阶段诚信教育系统化序列化

不同阶段的大学生或处于同一阶段的不同大学生个体存在着不同的诚

① 余龙进，龚凌燕．论中学生、大学生诚信教育的有效衔接［J］．思想政治课研究，2016（2）：40-43.

信问题，对诚信教育内容的需要也有所差别。大学生诚信教育内容要能够解决他们的实际困惑，根据其个性特征对症下药，他们才会接受并主动配合诚信教育，促进教育主体与客体形成互动、共鸣，进而提高诚信教育效果[②]。

根据不同年级大学生进行不同重点的诚信教育宣传和设置不同重点的诚信教育的具体内容，是大学生诚信教育系统化、序列化的关键所在。大一学生的主要诚信教育内容是正确应对从高中到大学的巨大变化，诚实地完成学习任务，进行良好的自我约束管理，适应大学的生活环境和方式，因此，这一阶段的诚信教育可以通过发起“诚信倡议”，签订诚信承诺书、建立诚信档案等活动，引导树立诚信意识。大二、大三学生的主要诚信教育内容是诚实做事、诚实待人，言必信、行必果，建立诚信交际圈，同时提高安全防范意识，增强人际交往中的自我保护能力，树立人际交往的诚信观念。大四学生的主要诚信教育内容是在求职过程中诚信展示个人荣誉、成绩等，尊重就业协议的合法性，慎重对待签约，做到以讲诚信、守信用的良好形象进入社会[①]。

5.2.3 诚信教育与社会征信系统全面对接

2014 年 6 月，根据党的十八大、十八届三中全会和《关于加强和创新社会管理的意见》中关于加强社会诚信制度和体系的总体要求，国务院印发了《社会信用体系建设规划纲要（2014—2020 年）》，明确指出要加强学生诚信教育，培养诚实守信良好习惯，为提高全民族诚信素质奠定基础，应探索建立与考试招生、学籍管理、学历学位授予等挂钩的信用评价制度。这为大学生诚信教育的制度落实指明了方向。高等教育的根本目的在于培

① 罗洪铁，温静．改革开放 30 年大学生诚信教育内容创新研究［J］．思想教育研究，2008（8）：8-11.

养社会发展所需的各类高层次专门人才，首要目标是为社会培养合格的社会主义公民。因此，大学生诚信教育是整个社会信用体系构建的重要组成部分。社会信用体系建设的实施有利于将大学生诚信教育从传统的说教模式转变为具体的制度规范模式，实现大学生诚信教育与社会诚信管理体系的良性互动与融合创新。

社会诚信是整个社会信用体系建设的基础。随着高等教育的大众化，大学生必然成为社会主义现代化事业各个领域的生力军和骨干力量。为了体现人才培养和管理的连贯性、整体性，完善失信惩罚机制，设计制度规范，将大学生诚信记录部分纳入社会征信系统，从制度上约束大学生的失信行为，推进社会信用体系的全面建立，进而推动大学生诚信教育生态系统的完善和优化①。这样，不仅注重大学生在校的现实表现，也关注大学生走向社会后的行为，从而使学校的诚信教育具有跨时空的效益。

5.3 内控机制

生态系统的自组织性是指在不需要外界条件的干预下，自行演化、自行组织，自发从无序结构向有序结构演变的过程，强调的是发挥系统的自我调节能力达到均衡的过程。诚信教育的终极目标，就是要帮助作为诚信主体的大学生形成一种自觉的意识（即自律），在实际工作和学习中做到诚实守信。大学生是自身诚信品质形成和构建的主体，外在的行为规范和诚信规范只有通过大学生自觉的实践取得认同，才能产生自觉的诚信行为，进而内化为自身的道德品质。所以，加强大学生的诚信自我教育和诚信自

① 王雪岩．社会信用体系下大学生诚信教育机制的构建［J］．征信，2015（11）：57-59.

律在大学生诚信教育中具有非常重要的意义。

5.3.1　加强诚信自我教育

自我教育是大学生诚信教育的基础。马克思的教育理论认为，他人对自我的教育和自己对自己的教育是一个相互统一的过程，那么，自己能够对自己进行教育，说明教育起到了好的效果。加强大学生诚信自我教育，可以实现由单向灌输教育向双向互动自主教育转变。传统的学校教育以教师为主导，是典型的单向性灌输的他育方式，缺乏反馈途径，学生只能被动接受，不利于激发学生的主动性，实效性也不高。自我教育是一个自我认识、设计、选择、监督、反馈、实现、控制与调节的过程[①]。由此可见，自我教育具有较强的自主性，是一个认识主体自我认识的过程。大学生经过中小学的长期学习，已经基本形成了自己的世界观、价值观和人生观，希望可以通过适合自己的学习方式进行自主学习和自我教育。由此可见，自我教育方式是大学生诚信教育学习的重要方式之一，高等院校要逐步转变教育方式和理念，优化教育内容、方法和途径，给大学生一定的自主学习空间，让大学生在诚信自我教育的过程中，严格要求自己，深刻理解诚信的重要性，从思想上对诚信有正确的认识，并用思想改变行动，用思想引领行动。从点滴做起，从小事做起，从身边做起，坚持不懈自觉自愿践行诚信[②]。

诚信是道德观念的认知过程，要求个人内在的自我修养和觉悟。因此，大学生作为大学生诚信教育的客体，应自觉加强诚信自我教育，发挥在诚信教育中的主体自觉性。加强大学生诚信自我教育，有以下三个方面的作用：一是有利于树立坚定的理想信念，自觉提高自身的道德修养。坚持诚

① 罗明东，邹俊．他育与自育：终生教育的视角［J］．学术探索，2003（11）：23-26.

② 张雷婷．当代大学生诚信教育体系构建研究［D］．南昌：南昌大学，2012.

信认知与诚信行为的高度统一，将诚信品质内化于个人信念，外化于自身的诚信实践，践行社会主义核心价值观。二是有利于以发展的眼光看待诚信的价值。诚信的终极价值在于人格的完善，大学生即将步入社会，应认识到个人诚信品质的重要性和未来价值，在做人、做事、做学问上做到诚实守信，不断提升自己的诚信素养。三是有利于增强直面困难与挫折的勇气与信心，坚守诚信的信仰与追求。大学生应把诚实守信作为学习生活中的根本准则和行为习惯，努力成为践行社会主义核心价值观的排头兵①。

5.3.2 建立诚信自律引导机制

“自律意识的养成与环境有密切关系，自律意识依赖于外部客观因素的影响，优良的校园文化氛围有利于大学生自律意识的形成”②。因此，在加强大学生自律意识的培养中，要加强制度建设，营造诚信自律氛围，提高诚信自律能力。一方面，通过“他律”制度（学校制定的各项规章制度）能够促进“自律”意识的形成，让大学生清楚自己的行为准则，清楚明了“哪些不能做”“哪些不应该做”，从而培养良好的诚信行为习惯，为形成良好的诚信自律意识打好基础。另一方面，建立大学生诚信自律管理制度，将学校各项制度的约束力内化为大学生的“自律”行为，形成有效的自我监督，进而增强大学生的诚信意识③。大学生诚信教育一定要注重自律教育，使得大学生诚信从“他律”变为“自律”，从理论上升到实践，最后达到质的飞跃，进而提高大学生诚信教育的实效性。

---

① 王广飞．当代大学生诚信教育的现实困境与多维机制构建［J］．黑龙江高教研究，2016（3）：50-52.

② 黑格尔．法哲学原理［M］．范扬，张企泰，译．北京：商务印书馆，1961.

③ 谢怀平．新形势下大学生诚信教育中的自律机制研究［J］．求知导刊，2016（3）：5-6.

5.3.3 完善诚信自律组织机制

在高等院校里，大学生组织是大学生学习生活的载体，班委会、团支部、学生会、各类学生社团等大学生组织，都为实现诚信自律提供了组织保障。一方面，加强班级管理有利于实现大学生诚信自律。班集体是大学生成长的基本组织，加强班级管理就是要以班级为单位制定共同认同的诚信管理规章制度，在本班学生的日常学习、人际交往、择业求职等方面建立自我诚信管理规章制度；同时，配套建立班级诚信自查自纠制度和互相监督管理制度，实现诚信自律。另一方面，强化其他组织的自律功能更能达到潜移默化、春风化雨的诚信教育功能。团支部、学生会和各类学生社团等组织也是大学生进行诚信教育的重要组织载体。一般而言，参加此类组织的大学生在兴趣爱好、理想态度、成长经历等方面能够产生共鸣，因此，通过强化此类组织的诚信自律功能，能够起到共鸣共振的效应[①]。

5.3.4 强化诚信自律实践机制

亚里士多德认为，人的伦理道德需要通过实践由习惯来养成。诚信不是说教的结果，而是生活实践的产物。诚信信念的内化必须通过人的实践活动才能得以实现。因此，大学生的诚信教育应该注重实践性，从抽象转为具体，从说教转为行动，把理论应用到实践，让大学生可以在实践中开阔视野，增长见识，更清楚地认识到自己的优缺点，不断增强自己的诚信意识[②]。通过开展多种多样的诚信实践教育活动，寓诚信教育于活动之中，强化诚信实践机制建设，主要有以下三个方面的作用：一是有利于诚信实践活动日常化、生活化。多鼓励大学生参加社会实践活动、志愿服务活动、

① 谢怀平．新形势下大学生诚信教育中的自律机制研究［J］．求知导刊，2016（3）：5-6.

② 张萌．新形势下大学生诚信教育研究［D］．晋中：山西农业大学，2013.

勤工俭学、专业实习等活动，在参与实践活动的过程中，将诚信自律贯穿其中，能够起到共鸣共振的效应，在实践活动中践行诚信理念。二是有利于诚信实践活动形式多样化。结合学校各种社团活动、实践活动、校园媒体等，开展形式新颖、多种多样、大学生喜闻乐见的诚信实践活动。要充分利用新媒体强大的互动性、传播便捷性等特点，开辟诚信教育新阵地，如诚信教育网站、诚信论坛、诚信公众号，把诚信教育的主旋律弥散于新媒体的各类阵地中，拓宽与学生之间的交流渠道，及时了解掌握大学生的思想动态。三是有利于发挥大学生的主体能动性。在设计各种实践活动时，可以通过突出大学生的主体作用，发挥大学生的主观能动性，让大学生在学生会和社团中承担更多的工作，在工作完成的过程中培养自身的诚信意识，使学生在实践中提升自身的道德内在需求，培养诚信自律能力和品质①。

5.4 诚信管理机制

生态系统的发展是一个从无序到有序发展的过程，自我调控与控制机制发挥了重要作用。大学生诚信品质素质的提升，诚信意识的内化，仅仅依靠个人的自律、提倡诚信是不够的，还必须诉诸制度的“他律”来规范诚信。如果没有相应的制度保障，诚信自律很可能就是一种偶然，只是在某些个体的某些行为中表现出来的诚信，而不是一种具有普遍意义的积极力量。因此，大学生诚信教育，不能仅仅依靠个人的自律和内心之诚，还应该形成一种具有普遍约束力的、体现在各个方面的完备机制，做到诚信

① 柴迎红，张剑. 新兴媒体环境下大学生的自律研究［J］. 中国成人教育，2013（5）：13-15.

自律与制度约束相互影响、相互促进。自律是基础，他律是关键，依靠一系列的诚信管理制度，实现他律向自律的转化。具体来说，大学生诚信教育制度包括以下内容①。

5.4.1 建立信用档案制度

大学生诚信档案制度的完善和有效执行是检验和巩固诚信教育成果的直接途径。大学生诚信档案是用来记载学生在校期间的学习、生活、社会实践、经济等方面的表现，具有真实性、可查证性、动态性、时效性等特点，毕业时由学校移交给用人单位，从而将学生的信用档案延伸到了社会。因此，大学生诚信档案是大学生立身处世的资本，能培养大学生对诚信制度的敬畏与遵循。大学生诚信档案一般包括诚信承诺书、学习成绩、获奖情况、诚信记录等内容，一般有专人负责管理，将诚信记录与综合素质测评相结合，实现电子化管理，并与各个高等学校的诚信系统互联互通，并为社会用人单位、征信系统等有关单位提供服务，以供查询和监督。诚信档案成为每一名大学生的第二“身份证”，诚信档案的建立会使大学生有一定的心理压力，使大学生时刻注意自己的诚信行为，提升个人的诚信度，以保证良好的诚信记录，这将有助于发挥诚信档案对大学生的引导、激励约束作用，有助于大学生诚信自律意识的培养，潜移默化地树立“诚信为本”的理念，从制度上约束大学生的失信行为②。因此，大学生诚信档案与社会诚信体系建立联系，既为社会诚信体系中个人诚信档案的建立提供参考和经验，又为社会诚信档案的建立奠定了基础，必将促进和推动整个社会信用制度的建立③。

---

① 何小春. 生态学视野下大学生诚信教育的系统架构 [J]. 广西社会科学，2009 (7)：100-103.

② 陈卫平. 构建大学生诚信教育体系的思考 [J]. 中国成人教育，2008 (14)：61-62.

③ 张祥永，李孙巧. 大学生诚信档案建设路径研究 [J]. 山西档案，2016 (1)：131-133.

5.4.2 健全诚信评价机制

建立一套科学有效、符合大学生成长规律的诚信评价机制，是大学生诚信教育的重要保障。诚信不仅需要个体内在的自律，还需要外在的评价制度予以激励约束。大学生诚信评价体系应以主体、客体、介体和环境“四位一体”为视角，包括学习、经济、生活、择业等方面内容，要有具体的测评指标及权重，在评价方法和选择上，要坚持科学性、可操作性等原则，采用多种评价方法相结合的方式。对考试作弊、作业抄袭、学费拖欠、不按时还贷、图书借阅逾期、择业违约等具有行为明确可量化的指标，利用跟踪测评的方式由学校相关部门统一实施，一般每学期进行一次综合考核。对大学生的诚信行为进行定量考核和定性评价，通过自评、互评、集体评议、教师评议、过程性评价、总结性评价等方式来进行诚信评定，评定结果与学生综合测评、三好学生评选、竞选班干部、推荐免试研究生等各项奖项评优挂钩，有失信记录的大学生取消参与各种奖项评优的资格。公平合理的大学生诚信评价机制，能够促使大学生对诚信的自我约束、自我激励，促使其提高诚信素养，养成诚信的习惯①。

5.4.3 建立诚信奖惩机制

大学生选择守信行为还是失信行为，在很大程度上取决于对利益得失的权衡。如果选择守信行为所获得的利益少于选择失信行为所获得的利益，选择失信行为没有受到惩戒，甚至可能从失信中取得好处，那么，失信就会成为大学生的选择。因此，建立一套诚信奖惩机制对增强大学生诚信意识，提升其诚信品质是至关重要的②。诚信奖惩机制包括诚信奖励机制和诚

① 肖艳红．构建大学生诚信教育体系的研究［D］．大庆：东北石油大学，2013.

② 何小春．大学生诚信道德建设的双重路径［J］．思想教育研究，2009（5）：92-95.

信惩戒机制。培育大学生诚信品质，必须建立诚信奖励机制，发挥制度的激励功能。诚信奖励机制要做到让守信的大学生获得真实的利益，激励其继续选择诚信行为的积极性，吸引那些在选择守信行为与失信行为之间徘徊的大学生选择守信行为，增加选择守信行为的吸引力。若要大学生弘扬诚信文明，践行诚信行为，不仅需要奖励选择守信行为的大学生，还需要惩戒选择失信行为的大学生。一个人诚信习惯的养成，仅仅靠诚信自律是不够的，必须建立相应的诚信惩戒机制，使其认识到“一处失信、处处受限”，使其不敢冒失信的风险，才能促使其自觉养成诚信习惯。在实践中，一般是将大学生的诚信状况与评优评先、竞聘干部、免试研究生推荐、选调生推荐、素质拓展教育等测评挂钩，实行“一票否决制”，有失信行为的大学生就没有资格参与综合评优评先，提高采取失信行为的成本，让采取失信行为的成本远远高于守信行为的成本，把失信行为“关进制度的笼子里”。

5.4.4 完善诚信监督机制

实践证明，良好的诚信品质的形成，需要每个人的内在自律，更需要依靠外在监督机制的制约和推动。大多数高等院校都成立了专门的大学生诚信监督机构，比较常见的是学校、学院两级大学生诚信监督领导小组，负责统筹协调大学生诚信管理和监督工作。同时，通过建立健全公示、听证、举报、学术不端检查和信息披露等制度体系，有效地保证了诚信监督工作的顺利开展。此外，不仅注重发挥学校和社会诚信监督机构的作用，更要注意发挥学生自我监督、同学之间相互监督和父母的协同监督的作用，形成诚信监督合力①。通过信息披露制度，肯定和奖励大学生的诚信行为，

---

① 王建州．充分发挥制度在大学生诚信品质培育中的作用［J］．中国高等教育，2014（2）：59-60.

将校园内失信的行为公开出来，批评和惩罚大学生的失信行为，在诚信的舆论氛围下，大学生会自觉地规范自己的行为。高等院校还可以利用网络平台等新媒体进行更大范围的宣传，形成诚信光荣、失信可耻的网络诚信氛围①。

5.5 联动机制

生态系统是一个开放系统，通过与外部环境不断地进行物质、能量、信息交换来保持生机与活力。不与外部环节发生作用的系统，必然会出现功能衰退或消失等现象。大学生的诚信认知、诚信观念的形成与发展，是在开放化的社会环境进行比较选择的产物。在个人成长过程中，同时处于家庭、学校和社会三大环境中。在大学阶段，学校教育处于诚信教育的中心地位，同时又受到家庭教育和社会环境因素的影响。家庭是大学生诚信教育的启蒙学校，学校是大学生诚信教育体系的关键环节，社会是大学生诚信教育的更大环境，对大学生诚信教育有极强的反作用②。因此，大学生诚信教育要面向社会拓展教育渠道，整合各种教育力量，使社会各方面都来关注、支持大学生诚信教育，形成以学校诚信教育为主导③、以家庭诚信教育为基础、以社会诚信教育为依托、以网络诚信教育为新阵地的全方位的育人体系，社会教育、学校教育、家庭教育和自我教育相互配合，统筹兼顾，形成积极的、和谐健康的诚信社会氛围。

---

① 张萌．新形势下大学生诚信教育研究［D］．晋中：山西农业大学，2013.

② 肖艳红．构建大学生诚信教育体系的研究［D］．大庆：东北石油大学，2013.

③ 何小春．生态学视野下大学生诚信教育的系统架构［J］．广西社会科学，2009（7）：100-103.

5.5.1 社会诚信教育

社会环境是大学生诚信教育的基础和依托，影响着大学生诚信意识的培育、引导及诚信教育生态的构建。大学生诚信品格的形成离不开诚信环境的熏陶，正如茅于轼所说，“当人们享受到别人提供的道德服务时，自己也愿意提供这种服务；当别人没有提供这种服务时，自己也不大愿意提供服务”①。社会诚信对大学生诚信的影响巨大，如果社会失信现象严重，就会在无形中诱导大学生选择失信，学校诚信教育就会显得苍白无力，很难达到预期效果。目前，社会上失信现状令人担忧，诚信虽然在观念上普遍得到尊重，但现实中确实失信现象泛滥；而且受社会上失信现象的影响，大学校园内也出现了各种失信现象，“代写代考”等事件屡禁不止，甚至一些家长为了让子女获得竞选推优的名额，从中提供钱财、人际关系等帮助，助长了大学生的失信行为。由此可见，社会上的失信因素在一定程度上诱导和加剧了大学校园内的失信现象。因此，在加强大学生诚信教育时，应加强社会诚信教育系统的建设，强化全社会诚信意识的培养，健全诚信保障机制，加强舆论引导和监督激励，完善社会诚信机制体系，为大学生诚信教育营造一个健康和谐的社会环境与社会基础②。

网络是大学生诚信教育的新阵地。网络现在作为一个当下十分流行的大众媒体，又被称之为“第四媒体”，网络的普遍性使其成为了人们生活的一个重要的部分，正是其信息的快速、便捷传递的特点，这也是网络教育成为大学生诚信教育新路径的重要因素，而网络本身的主体随意性和匿名性又要求必须加强网络道德教育。据第 39 次《中国互联网络发展状态统计报告》显示，截止到 2016 年 12 月，中国网民数量达 7. 31 亿，其中学生群

① 茅于轼．中国人的道德前景：第 2 版［M］．广州：暨南大学出版社，2003：178.
② 张雷婷．当代大学生诚信教育体系构建研究［D］．南昌：南昌大学，2012.

体的占比最高，为 25.0%。互联网迅速发展普及，拓展了高等院校诚信教育工作的新渠道和新手段，为加强大学生诚信教育带来新的机遇。因此，利用互联网开展诚信教育是大学生诚信教育在新时代的重要途径之一，互联网作为开展诚信教育的新阵地，引导学生正确使用网络，利用网络来获取和创造相互的信任、相互合作的交流环境，引导学生诚信上网、展现真实自我，对自我的网络行为加以现实社会道德约束，构建网络诚信道德规范①。

5.5.2 学校诚信教育

学校是大学生诚信教育的主阵地，构建诚信校园环境势在必行。学校教育应注意优化诚信教育的内容、方式、途径等方面。传统诚信观念主要是对个人而言，要求个人能够做到信守诺言，而现代社会，要拓展诚信的内涵，以积极的态度造福社会，将传统的诚信融入创新的思想，开辟新路径，诚信教育才能更贴近大学生的实际生活，更容易被接受。通过多种途径建立诚信校园文化，让许多类似校训等诚信口号真正融入到校园文化的方方面面，更重要的是教育大学生怎样建立诚信，引导大学生主动思考如何建立诚信，如何使诚信成为一种习惯。大学生大部分时间是在学校度过的，而且教师一言一行对大学生的诚信行为发挥着表率和示范作用，通过教书育人、管理育人和服务育人，教师用自身的言传身教对大学生进行潜移默化、循序渐进的诚信教育②。实践证明，一个人主动地做一件事要比被动地做一件事的效果好。因此，学校诚信教育要注重调动、发挥大学生的积极性，让大学生主动参与到各种社团组织、各种各样的校园文化活动和社会实践活动中来，在活动中认识诚信的重要性，自觉践行诚信行为。环境对人的塑造发挥着重要作用，因此，学校诚信教育通常注重诚信学风、

① 张影晰．构建当代大学生诚信教育体系研究［D］．呼和浩特：内蒙古农业大学，2010.

② 汪倩．当代大学生诚信教育研究［D］．兰州：西北师范大学，2014.

诚信校风等诚信校园建设，塑造良好的校园诚信氛围的过程也是诚信教育逐步深化的过程。在实践中，高等院校通常结合本校的特色，引导大学生在学习、生活、择业中，做到以诚待人，以诚做事，言必信，行必果。

5.5.3 家庭诚信教育

家庭教育是大学生诚信教育的启蒙和辅助，家长的诚信言行也潜移默化地影响着大学生的诚信观念。亚里士多德说，德行是一种习惯。习惯的载体就是日常生活，因此，大学生诚信意识的树立，必须要从家庭开始。家庭是孩子受教育的第一课堂，家长是孩子的第一任启蒙老师，也是孩子的终身老师，家长的行为是孩子学习成长的最好教科书，家长承担着诚信示范和辅助教育的双重任务，家庭教育对大学生整个成长过程的影响是最长远、根深蒂固的，优化家庭诚信环境、加强家庭教育是促进大学生诚信教育中重要的部分。尽管大学生已经是成年人，但正处于个体世界观、价值观和人生观形成期，家长的示范和引导作用对子女的诚信教育具有很强的教育效果，在潜移默化中逐渐养成诚实守信的家教习惯。家长的言传身教与学校诚信教育相结合，对于培养大学生的诚信品质具有基础性作用。

家庭诚信教育主要有三个方面的作用：一是有利于提高诚信教育的效果，在潜移默化中形成子女的诚信习惯。身教胜于言传，家长自身诚信道德修养和对事业积极追求的榜样作用，是影响子女尤其是大学生诚信道德品质的重要因素。家长应树立正确的德育观，审视和修正自身的诚信行为，不断地学习和思考，在日常生活中用自己的高素质去影响、熏陶和带动子女的进步与发展。二是通过关心和了解子女的心理状态，有利于缓解大学生选择诚信行为的心理压力。大学生的心理状态越来越受到社会大环境的影响，因此，家长要紧跟时代潮流，学习新的教育理念，从培养健康乐观的子女出发，了解子女成长过程中各个阶段的心理和生理特点，与孩子之间建立平等和谐的亲子关系，做好其心理压力调节和疏导。三是与学校教育相结合，有利于形成诚信教育合力。家长要在平时生活中创造机会并积极引导大学生养成良好的诚信道德习惯，让他们在生活中去认识和感悟一些最基本的诚信品质，并逐渐养成优秀的内在品质。家长要主动和学校教师保持密切的联系，了解子女在大学期间的学习、生活和行为方面的表现，与学校相互配合，形成教育合力。

5.5.4 自我诚信教育

与其他教育方式相比，自我教育最大的特点是注重发挥大学生本体的主观能动性，一种主动学习方式，效果也比其他教育方式更好。大学生是诚信教育的客体，从大学生本体维度来看，关键是通过诚信自律与诚信实践，提升大学生的诚信信仰与诚信责任。诚信信仰的形成是大学生的诚信认知—同化—内化的能动过程，其关键是通过对诚信的认知和接受，形成诚信自律，并付诸诚信行动和实践。因此，要提升大学生诚信教育的效果，必须发挥大学生的主观能动性，构建“学会选择”的自我教育体系，形成诚信道德能力，一般可以区分为诚信认知、诚信实践和诚信自律三个方面。自我教育是能充分发挥大学生的主观能动性的一种教育方式，大学生通过积极主动参加思想政治教育、德育教育、职业道德教育和法制教育，批判性地继承和创造性地转换应用中华传统文化，提高大学生的思想认识，树立科学诚信观；通过学习民法的“诚实守信原则”及其他司法解释，做到知法守法，树立诚信意识。通过坚持养成教育，提高诚信实践能力，主要表现在大学生在学习、生活、经济和择业方面的诚信实践。以“慎独”为目标，积极锻炼，做到时时诚信、事事诚信、处处诚信；要学思并重、省察克治，做到表里如一，不断提升自身的自律意识。

6

大学生诚信教育生态系统影响因素的实证分析

在已有文献和专家访谈的基础上，从生态系统视角，构建了“主体、客体、介体、环境”四位一体的大学生诚信教育生态系统影响因素体系，利用 SPSS19.0 和 AMOS17.0 软件对调查数据进行统计分析，验证理论假设和概念模型的正确性，分析不同影响因素对大学生诚信教育生态系统的作用路径和效果。

6.1 诚信教育生态系统的影响因素

大学生诚信教育生态系统所涉及的因素众多，诸多学者对其影响因素及构建进行了研究，为本书的研究开展提供了思路。国外学者主要从学术诚信方面探讨了大学生诚信教育的影响因素，认为高校信用体系、诚信缺失惩罚、同学示范①、诚信档案②、学生自身约束③等是大学生诚信教育的影响因素；国内学者对大学生诚信教育的研究视角与范畴范围更加宽泛，认为社会环境、网络环境④、诚信教育的制度、实践机制以及家庭、社会、学校的联动机制⑤是大学生诚信教育体系的重要组成部分，有学者进一步提出在充分发挥学校教育的主导作用基础上，利用好社会教育、家庭教育、

---

① Erik W. Black, Joe Greaser, Kara Dawson. Academic Dishonesty in Traditional and Online Classrooms: does the “Media Equation” Hold True [J]. Journal of Asynchronous Learning Networks 2008, 12 (3-4): 23-30.

② Dirmeyer, Jennifer, Cattwright, Alexander C. Honor Codes Work where Honesty has already Taken Root [J]. Chronicle of Higher Education, 2012, 59 (9): 27.

③ Victor B. Brezik. The role of Faith in University Education [J]. American Journal of Education, 2003, 33 (11): 123-128.

④ 李洪伟，王炳成，陶敏．大学生诚信的影响因素分析——基于结构方程的实证 [J]. 管理评论，2012 (8): 170-176.

⑤ 马安勤，马骏，杨志群．大学生诚信教育：问题、机制与方向 [J]. 华南农业大学学报：社会科学版，2008 (3): 148-152.

自我教育和网络教育①。因此，在已有文献和专家访谈的基础上，从生态系统视角，并综合复杂性理论、心理学、社会学和组织行为学等理论，构建了“主体、客体、介体、环境”四位一体的大学生诚信教育生态系统的影响因素体系，4 个一级因素、14 个二级因素和 38 个三级因素，如表 6-1 所示。

表 6-1　大学生诚信教育生态系统的影响因素

主体 S	任课教师 S1	严谨治学，好学创新的治学精神 S11
		言行一致、诚实高尚的品格 S12
	行政人员 S2	以人为本，尊重学生的主体地位 S21
		客观公正地按章管理 S22
	后勤人员 S3	优质、高效地完成日常服务工作 S31
		热情周到、真诚奉献 S32
	家长 S4	言传身教，关心子女的心理状态 S41
客体 O	诚信认知 O1	树立科学的诚信观 O11
		知法守法、树立守信意识 O12
	诚信实践 O2	学习诚信 O21
		生活诚信 O22
		经济诚信 O23
		择业诚信 O24
		网络诚信 O25
	诚信自律 O3	慎独自律 O31
		省察克治 O32

① 张鑫. 大学生诚信教育的现状及对策研究［D］. 太古：山西农业大学，2015.

续表

介体 M	教育内容 M1	传统美德教育 M11
		反映时代精神的先进事迹与社会热点、焦点及难点问题 M12
		职业诚信教育 M13
		法治教育 M14
	教育方法 M2	诚信教育融入德育和专业课教育并作为考核重要内容 M21
		开展多种多样的诚信教育活动 M22
		利用多种媒介形成诚信宣传舆论阵地 M23
		开展各种线上线下咨询 M24
		采用平等、民主、信任的交流方式 M25
	管理机制 M3	建立诚信档案 M31
		诚信评价机制 M32
		诚信奖惩机制 M33
环境 E	学校 E1	全员动员、人人参与到诚信教育工作的局面中去 E11
		褒扬诚信、批判失信行为的校园氛围 E12
		与家庭教育联动，形成合力 E13
		与社会教育联动，形成合力 E14
	家庭 E2	诚信家风 E21
		形成及时表扬子女诚信行为、惩戒失信行为的氛围 E22
	社会 E3	完善的社会信用体系、健全的诚信相关法律制度 E31
		宣扬诚信褒扬、惩戒失信行为的诚信氛围 E32
	网络 E4	网络媒体报道是否真实和公正 E41
		宣传诚信事迹、曝光失信行为的网络诚信舆论氛围 E42

资料来源：笔者根据资料整理。

（1）教育主体。

教师和家长是大学生诚信教育的两个重要主体，主要包括以下两个方面：一是发挥专业教师的榜样示范作用。专业教师以严谨治学、好学创新的治学精神和言行一致、诚实高尚的品格潜移默化地感染大学生，做到教书育人；管理人员以人为本、尊重大学生的主体地位和客观公正、按章管理敬业精神感染大学生，做到管理育人；后勤人员在日常工作中热情周到、真诚奉献，优质高效地完成日常服务工作，具有明确的育人意识，做到服务育人。二是家长言传身教，为子女树立良好的诚信榜样；关心子女的心理状态，根据子女成长过程中各个阶段的心理状态和生理特点进行因材施教，及时表扬子女的诚信行为、惩戒失信行为。

（2）教育客体。

大学生是诚信教育的客体，可以从诚信认知、诚信实践和诚信自律三个方面来考量。一是主动自觉学习诚信教育活动，提高大学生的思想认识，树立科学诚信观；学习民法的“诚实守信原则”及其他司法解释，做到知法守法，树立诚信意识。二是坚持提高实践能力，主要表现在大学生的学习、生活、经济、择业和网络方面的诚信，主要考察在作业/论文、考试、出勤等方面是否存在失信行为，在日常生活中遵守校规校纪、接人待物是否诚信，是否存在骗取助学金/助学贷款、消费与自身实际经济状况不符、无故拖欠学费、住宿费等行为，在求职择业过程中是否存在求职简历注水、随意违约等行为，是否在QQ、微信、微博、网站等网络上发表不实言论、转发虚假信息等行为，是否做到不信谣，不传谣，不欺骗，不诽谤。三是提高大学生的自律意识，应以“慎独”为目标，积极锻炼，做到时时诚信、事事诚信、处处诚信；要学思并重、省察克治，做到表里如一。

（3）教育介体。

大学生诚信教育的介体主要有教育内容、教育方法和管理机制三个方面。一是紧跟时代步伐，优化诚信教育的内容，把中华传统美德教育与现实生活中新鲜事例相结合、反映时代精神的先进事迹与社会热点、焦点及难点问题相结合、职业诚信教育与法治教育相结合；同时，大学生从入学到毕业，每年级的诚信教育关注点是不同的，要根据大学生成长规律，做到遵循教育规律，因材施教。二是创新诚信教育方式方法。把诚信教育融入德育和专业课程的课堂教学并作为考核的重要内容，利用校园广播、宣传栏、校园网、公众号等多种媒体形成宣传舆论阵地，宣传诚信榜样、曝光失信行为，开展“诚信承诺书签名”、诚信主体论文、辩论等多种多样的诚信教育活动，开展各种线上线下咨询活动，诚信教育主体和客体之间形成平等、民主、信任的交流方式，提高交流效果。三是建立健全大学生诚信管理机制。建立大学生诚信档案，完善诚信评价和奖惩机制，激励约束大学生积极践行诚信。

（4）教育环境。

大学生诚信教育的环境包括社会、学校、家庭和网络环境。由于网络是大学生接触外界信息的主要媒介，是大学生诚信教育的新阵地，因此，把网络单独列出来，突出网络环境对大学生诚信教育的重要性。一是学校作为大学生诚信教育的主阵地，是否形成了全员动员、人人参与到诚信教育工作的局面，是否形成褒扬诚信、批判失信行为的校园诚信氛围；学校与家庭和社会是否形成联动机制，形成诚信教育合力，家庭与学校是否沟通良好，大学生诚信档案是否转入用人单位或作为社会信用体系的重要参考。二是家庭教育是大学生诚信教育的基础，父母重视诚信教育，形成德育为先的全面教育观念，身体力行，言传身教，形成褒扬诚信、惩戒失信的诚信家风与氛围。三是诚信相关法律制度是否健全，社会信用体系是否完善，是否形成了褒扬诚信、惩戒失信行为的社会诚信氛围。四是网络文明之风是否兴盛，网络内容发布监管机制是否健全，网络媒体的报道是否真实和公正，是否形成宣传诚信事迹、曝光失信行为的网络诚信氛围。

6.2 理论假设

大学生诚信教育生态系统受历史文化、社会环境、家庭环境等多方面影响，以及诚信教育生态系统内外部多种因素的影响。大学生诚信教育生态的状况如何，在一定程度上取决于诚信制度及法制建设，而诚信制度及法制能够促进大学生的诚信自律。Albert 等（2000）认为社会规范缺失是影响大学生诚信水平的原因，刘志超（2009）① 认为市场经济条件下社会诚信道德缺失，诚信制度及法制不健全是影响大学生诚信的重要原因，刘志超（2009）和马安勤等（2008）② 均认为大学生诚信教育需要多方面的配合，需要社会、家庭、学校的相互配合，形成诚信教育合力和良好的社会氛围。因此，做出如下假设：

H1：诚信教育环境对大学生诚信实践有正向影响。

H2：诚信教育环境对大学生诚信认知有正向影响。

H3：诚信教育环境对大学生诚信教育生态系统有正向影响。

教师为人师表，其诚信品质会给大学生树立良好的榜样并产生潜移默化的影响，对提高大学生诚信品质具有重要的示范作用（刘志超，2009）。Donald 等（1999）和 Randy 等（1995）③ 的研究结果均显示，教师品格是影响大学生诚信的重要原因之一。同时，父母是子女的第一任教师，承担着

① 刘志超．大学生诚信道德的经济学分析与思考［J］．科学社会主义，2009（1）：90-93.

② 马安勤，马骏，杨志群．大学生诚信教育：问题、机制与方向［J］．华南农业大学学报：社会科学版，2008（3）：148-152.

③ Randy L. Genereux, Beverly A. Mc Leod. Circumstances Surrounding Cheating: a Questionnaire Study of College Students［J］. Research in Higher Education, 1995, 36（6）：687-705.

诚信示范和辅助学校教育的双重任务，在日常生活中诚信言行能够“春风潜入夜，润物细无声”般影响着子女的诚信意识和行为，而且这种影响是潜意识的、根深蒂固的。因此，做出如下假设：

H4：诚信教育主体对大学生诚信实践有正向影响。

H5：诚信教育主体对大学生诚信认知有正向影响。

H6：诚信教育主体对诚信教育生态系统有正向影响。

大学生具有很强的可塑性，高等院校要在诚信教育各种要素之间寻求协同、化解当前诚信教育中的矛盾与困境，切实提高高等院校诚信教育的成效（杜坤林，2011）①。Erik 等（2008）② 的研究也显示，高校信用体系、诚信缺失惩罚是影响大学生诚信水平的主要原因。只有强调依靠制度约束，充分发挥制度在大学生诚信教育中的重要作用，才能约束大学生的诚信行为，从而提升大学生的诚信认知和诚信自律（王建州，2014）③，同时还要正确处理“自律”和“他律”之间的关系（顾慕娴，2008）④。因此，提出以下假设：

H7：诚信教育介体对大学生诚信实践有正向影响。

H8：诚信教育介体对大学生诚信认知有正向影响。

H9：诚信教育介体对大学生诚信教育生态系统有正向影响。

只有大学生加强诚信认知和认同，才能付诸诚信实践，做到诚信自律，进而提高诚信教育生态的质量；同时，诚信实践具有很好的示范效应，能带动更多的大学生践行诚信，形成良好的诚信氛围，进而促进诚信教育生

---

① 杜坤林. 当代大学生道德价值观构建的路径及其实现［J］. 中国高等教育，2011（12）：52-53.

② Erik W. Black, Joe Greaser, Kara Dawson. Academic Dishonesty in Traditional and Online Classrooms: does the “Media Equation” Hold True［J］. Journal of Asynchronous Learning Networks 2008, 12（3-4）：23-30.

③ 王建州. 充分发挥制度在大学生诚信品质培育中的作用［J］. 中国高等教育，2014（2）：59-60.

④ 顾慕娴. 大学生诚信教育制度建设新探［J］. 广西民族大学学报：哲学社会科学版，2008（5）：172-175.

态系统的建设。因此，提出以下假设：

H10：大学生诚信实践对大学生诚信教育生态系统有正向影响。

H11：大学生诚信认知对大学生诚信教育生态系统有正向影响。

6.3 结构方程的构建

在评价诚信教育客体时，考虑到诚信实践和诚信认知与自律是从不同角度度量的，因此，把大学生诚信教育客体再细分为诚信认知与自律、诚信实践两个部分，研究视角从“主体、客体、介体、环境”变成“主体、诚信实践、诚信认知与自律、介体、环境”。结合理论假设，构建结构方程模型如图 6-1 所示。考虑到模型设计变量较多，将大学生诚信教育生态系统分为诚信教育环境、诚信教育主体、诚信教育介体、诚信实践、诚信认知与自律、诚信教育生态系统 6 个潜变量，39 个观测变量。在模型中，外生潜变量 5 个：教育环境，有 8 个观测变量；教育主体，有 7 个观测变量；教育介体，有 12 个观测变量；诚信实践，有 5 个观测变量；诚信认知与自律，有 4 个观测变量；诚信教育生态系统，有 3 个观测变量。

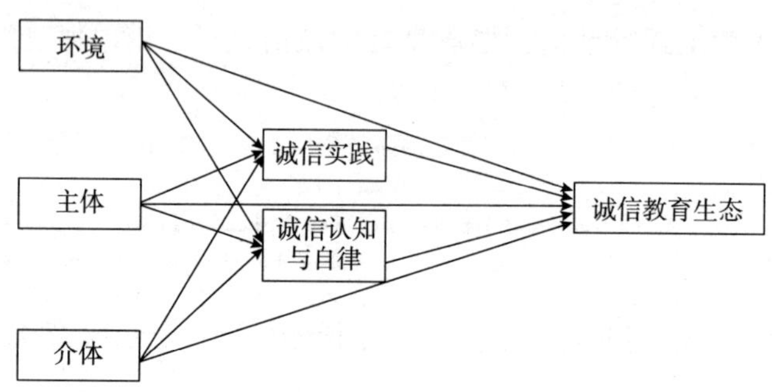

图 6-1　大学生诚信教育生态系统构成要素之间关系框架

6.4　数据的获取与描述性统计分析

（1）数据获取。

在设计问卷的题目时，充分考虑所设计到的一些令人尴尬或者有损自己形象的相关敏感问题，采用第三人称方式提问，以突破参与调查者的心理防御。采用 Likert 5 点标尺，即用 1 表示完全不同意（或完全不重要），5 表示完全同意（或非常重要）。

正式实施大规模调查问卷前，在天津师范大学随机选择 40 位教师和 200 名学生实施预调查，并组织有关专家进行研讨，以降低初始问卷中文字语意不清、表达不适合等情况，进一步修改完善了调查问卷的题目描述，并在此基础上最终确定了调查问卷。此外，为了提高问卷的有效性，对诚信实践的衡量主要是通过教师和大学生对其他学生的行为进行评价，而诚信意识的衡量采用大学生自我评价，这在一定程度上克服了盲目主观的弊端，提高了研究的科学性。

本次调查主要采用网络调查，问卷放置在第三方调研机构的网站上，全国 21 所高等院校的教师和在校大学生直接参与填写问卷，共收回调查问卷 2798 份。在数据预处理阶段，排除无效问卷，最终有效问卷为 2448 份，即样本容量为 2448。

（2）数据描述性统计分析。

在收回 2448 份有效问卷中，男生 1160 人，占全部受访者的 47.39%，女生 1288 人，占全部受访者的 52.61%。性别、年级、专业、学校所在地区等信息数据如见表 6-2 所示。

表 6-2　样本统计特征分析

特征	样本特征，人数，样本占比（%）
性别	男，1160，47.39；女，1288，52.61
年级	2016 级，944，38.56；2015 级，404，16.50；2014 级，508，20.75；2013 级，592，24.18
专业	自然科学类，1326，54.17；社会科学类，1122，45.83
学校所在地区	东北，252，10.30；华北，648，26.47；华中，330，13.48；华东，446，18.21；华南，239，9.76；西北，205，8.37；西南，328，13.40

资料来源：笔者根据调研资料整理。

6.5　模型检验与假设验证

（1）统计量分析。

在对基本特征进行分析之后，利用 SPSS19.0 对所收集样本数据进行统计量分析（见表 6-3）。

表 6-3　描述性统计量分析

	N	极小值	极大值	均值	标准差	方差	偏度		峰度	
	统计量	统计量	统计量	统计量	统计量	统计量	统计量	标准误	统计量	标准误
S11	2448	1	5	3.7	0.924	0.854	-0.345	0.07	-0.149	0.14
S12	2448	1	5	3.8	0.894	0.799	-0.201	0.07	-0.563	0.14
S21	2448	1	5	3.61	0.998	0.996	-0.146	0.07	-0.695	0.14
S22	2448	1	5	3.7	0.986	0.972	-0.253	0.07	-0.562	0.14

续表

	N	极小值	极大值	均值	标准差	方差	偏度		峰度	
	统计量	统计量	统计量	统计量	统计量	统计量	统计量	标准误	统计量	标准误
S31	2448	1	5	3. 72	0. 948	0. 899	−0. 191	0. 07	−0. 566	0. 14
S32	2448	1	5	3. 65	0. 996	0. 992	−0. 218	0. 07	−0. 597	0. 14
S41	2448	1	5	4. 24	0. 703	0. 494	−0. 889	0. 07	1. 736	0. 14
O11	2448	1	5	3. 83	0. 969	0. 939	−0. 697	0. 07	0. 336	0. 14
O12	2448	1	5	3. 66	0. 864	0. 746	−0. 455	0. 07	−0. 096	0. 14
O21	2448	1	5	4. 37	0. 817	0. 667	−1. 203	0. 07	0. 889	0. 14
O22	2448	1	5	3. 77	0. 892	0. 795	−0. 405	0. 07	0. 006	0. 14
O23	2448	1	5	4. 01	0. 83	0. 688	−0. 67	0. 07	0. 221	0. 14
O24	2448	2	5	4. 54	0. 642	0. 412	−1. 365	0. 07	1. 935	0. 14
O25	2448	1	5	4. 49	0. 815	0. 664	−1. 623	0. 070	2. 336	0. 14
O31	2448	1	5	4. 09	0. 723	0. 522	−1. 124	0. 07	3. 097	0. 14
O32	2448	1	5	4. 02	0. 735	0. 54	−0. 899	0. 07	2. 061	0. 14
M11	2448	1	5	4. 12	0. 77	0. 592	−0. 724	0. 07	0. 72	0. 14
M12	2448	1	5	3. 72	0. 923	0. 851	−0. 362	0. 07	−0. 124	0. 14
M13	2448	1	5	3. 75	0. 923	0. 851	−0. 389	0. 07	−0. 21	0. 14
M14	2448	1	5	4. 31	0. 781	0. 61	−1. 056	0. 07	1. 123	0. 14
M21	2448	1	5	4. 13	0. 791	0. 625	−1. 06	0. 07	1. 982	0. 14
M22	2448	1	5	2. 96	1. 066	1. 136	−0. 061	0. 07	−0. 479	0. 14
M23	2448	1	5	2. 96	1. 11	1. 231	−0. 038	0. 07	−0. 631	0. 14
M24	2448	1	5	3. 45	0. 988	0. 977	−0. 302	0. 07	−0. 17	0. 14
M25	2448	1	5	4. 08	0. 805	0. 649	−0. 923	0. 07	1. 5	0. 14
M31	2448	1	5	3. 96	0. 85	0. 723	−0. 587	0. 07	0. 273	0. 14
M32	2448	1	5	3. 9	0. 846	0. 716	−0. 406	0. 07	−0. 178	0. 14
M33	2448	1	5	3. 92	0. 911	0. 829	−0. 754	0. 07	0. 544	0. 14

续表

	N	极小值	极大值	均值	标准差	方差	偏度		峰度	
	统计量	统计量	统计量	统计量	统计量	统计量	统计量	标准误	统计量	标准误
E11	2448	1	5	4.03	0.803	0.645	-0.575	0.07	0.254	0.14
E12	2448	1	5	3.95	0.85	0.722	-0.473	0.07	-0.069	0.14
E21	2448	1	5	2.5	1.379	1.902	0.498	0.07	-1.03	0.14
E22	2448	1	5	4.19	0.743	0.552	-0.75	0.07	0.723	0.14
E31	2448	1	5	3.82	0.892	0.796	-0.403	0.07	-0.21	0.14
E32	2448	1	5	3.59	1.024	1.048	-0.406	0.07	-0.255	0.14
E41	2448	1	5	3.32	1.142	1.304	-0.235	0.07	-0.631	0.14
E42	2448	1	5	3.05	1.221	1.49	-0.03	0.07	-0.853	0.14
C1	2448	1	5	3.92	0.878	0.771	-0.594	0.07	0.213	0.14
C2	2448	1	5	3.9	0.92	0.847	-0.981	0.07	1.006	0.14
C3	2448	1	5	4.03	0.803	0.645	-0.575	0.07	0.254	0.14
有效的 N	2448									

资料来源：笔者根据调研资料整理。

由表6-3可知，样本平均分值为3.83，偏度为-0.63，峰度为0.35，说明研究样本与正态分布偏差较小，样本统计值呈现尖峰厚尾，左偏的统计特征，满足进一步分析条件。

（2）信度和效度分析。

检验数据可靠性常用内部一致性系数（Cronbach α），其判断标准为 $\alpha<0.35$ 为低信度，$0.35<\alpha<0.70$ 为中信度，$\alpha>0.7$ 为高信度。问卷的信度检验见表6-4，从结果看，大学生诚信生态中教育主体、客体、介体和环境的分项内部一致性系数除大学生诚信认知之外均大于0.7，问卷具有较高的可信度，可以用于模型的拟合。

表 6-4 大学生诚信教育生态系统影响因素的信度检验

影响因素			Cronbach α 系数
主体 S	任课教师 S1	严谨治学、好学创新的治学精神 S11	0.935
		言行一致、诚实高尚的品格 S12	
	行政人员 S2	以人为本，尊重学生的主体地位 S21	
		客观公正地按章管理 S22	
	后勤人员 S3	优质、高效地完成日常服务工作 S31	
		热情周到、真情奉献 S32	
	家长 S4	言传身教，关心子女的心理状态 S41	0.803
客体 O	诚信认知 O1	树立科学的诚信观 O11	0.586
		知法守法、树立守信意识 O12	
	诚信实践 O2	学习诚信 O21	0.861
		生活诚信 O22	
		经济诚信 O23	
		择业诚信 O24	
		网络诚信 O25	
	诚信自律 O3	慎独自律 O31	0.731
		省察克治 O32	
介体 M	教育内容 M1	传统美德教育 M11	0.819
		反映时代精神的先进事迹与社会热点、焦点及难点问题 M12	
		职业诚信教育 M13	
		法治教育 M14	
	教育方法 M2	诚信教育融入德育和专业课教育并作为考核重要内容 M21	0.882
		开展多种多样的诚信教育活动 M22	
		利用多种媒介形成诚信宣传舆论阵地 M23	
		开展各种线上线下咨询 M24	
		采用平等、民主、信任的交流方式 M25	

续表

<table>
<tr><th colspan="3">影响因素</th><th>Cronbach α 系数</th></tr>
<tr><td rowspan="3">介体 M</td><td rowspan="3">管理机制
M3</td><td>建立诚信档案 M31</td><td rowspan="3">0.869</td></tr>
<tr><td>诚信评价机制 M32</td></tr>
<tr><td>诚信奖惩机制 M33</td></tr>
<tr><td rowspan="10">环境 E</td><td rowspan="4">学校
E1</td><td>全员动员、人人参与到诚信教育工作的局面中去 E11</td><td rowspan="4">0.882</td></tr>
<tr><td>褒扬诚信、批判失信行为的校园氛围 E12</td></tr>
<tr><td>与家庭教育联动，形成合力 E13</td></tr>
<tr><td>与社会教育联动，形成合力 E14</td></tr>
<tr><td rowspan="2">家庭
E2</td><td>诚信家风 E21</td><td rowspan="2">0.746</td></tr>
<tr><td>形成及时表扬子女诚信行为、惩戒失信行为的氛围 E22</td></tr>
<tr><td rowspan="2">社会
E3</td><td>完善的社会信用体系、健全的诚信相关法律制度 E31</td><td rowspan="2">0.883</td></tr>
<tr><td>宣扬诚信褒扬、惩治失信行为的诚信氛围 E32</td></tr>
<tr><td rowspan="2">网络
E4</td><td>网络媒体报道是否真实和公正 E41</td><td rowspan="2">0.874</td></tr>
<tr><td>宣传诚信事迹、曝光失信行为的网络诚信舆论氛围 E42</td></tr>
</table>

资料来源：笔者根据调研资料整理。

对问卷结构效度采用验证性因子分析（Confirmatory Factor Analysis，CFA）的一阶测量模型，分析指标包括 χ^2/df、近似均方根误差（RMSEA）、P、规范拟和指数（NFI）和比较拟合指数（CFI），χ^2/df 在 2~4 范围内可以接受，拟合优度的卡方检验值 P 小于 0.01，不赋值的拟合参数 NNFI 与比较拟合参数 CFI 均大于 0.80，近似误差均方根 RMSEA 小于 0.08。经过检验，各要素的指标与其模型拟合较好，结果证实各因素结构具有较高的结构效度（见表 6-5）。

表 6-5　大学生诚信教育生态系统评估体系的效度检验

因素＼指标	χ^2/df	RMSEA	P	NFI	CFI
主体	2.747	0.017	0.002	0.955	0.958
客体	2.859	0.015	0.001	0.961	0.965
介体	2.542	0.052	0.006	0.923	0.951
环境	2.056	0.010	0.001	0.935	0.967
诚信教育生态	3.762	0.067	0.013	0.904	0.921

资料来源：笔者根据调研资料整理。

（3）拟合优度分析。

结构方程拟合优度指标 RMSEA<0.08，同时，规范拟和指数（NFI）、比较拟合指数（CFI）、增值拟和指数（IFI）、拟合优度指数（GFI）、调整拟合优度指数（AGFI）均大于 0.90，残差平方根（RMR）0.057 较好，表明模型的拟合优度较好。

表 6-6　拟合优度指标

指标	χ^2/df	NFI	CFI	IFI	GFI	AGFI	RMR	RMSEA
值	2.631	0.968	0.977	0.977	0.932	0.923	0.057	0.013
判断	较好	较好	较好	较好	较好	较好	较好	较好

资料来源：笔者根据调研资料整理。

（4）模型检验。

利用 Amos17.0 进行结构方程模型（SEM）检验来验证研究假设，大学生诚信教育生态系统的各生态子系统之间的关系结构方程模型路径图结果如图 6-2 所示，其中 t_i（i=1，2，…，39）是可观测变量的测量误差，e_j（j=1，2，…，6）是潜在变量的误差项。

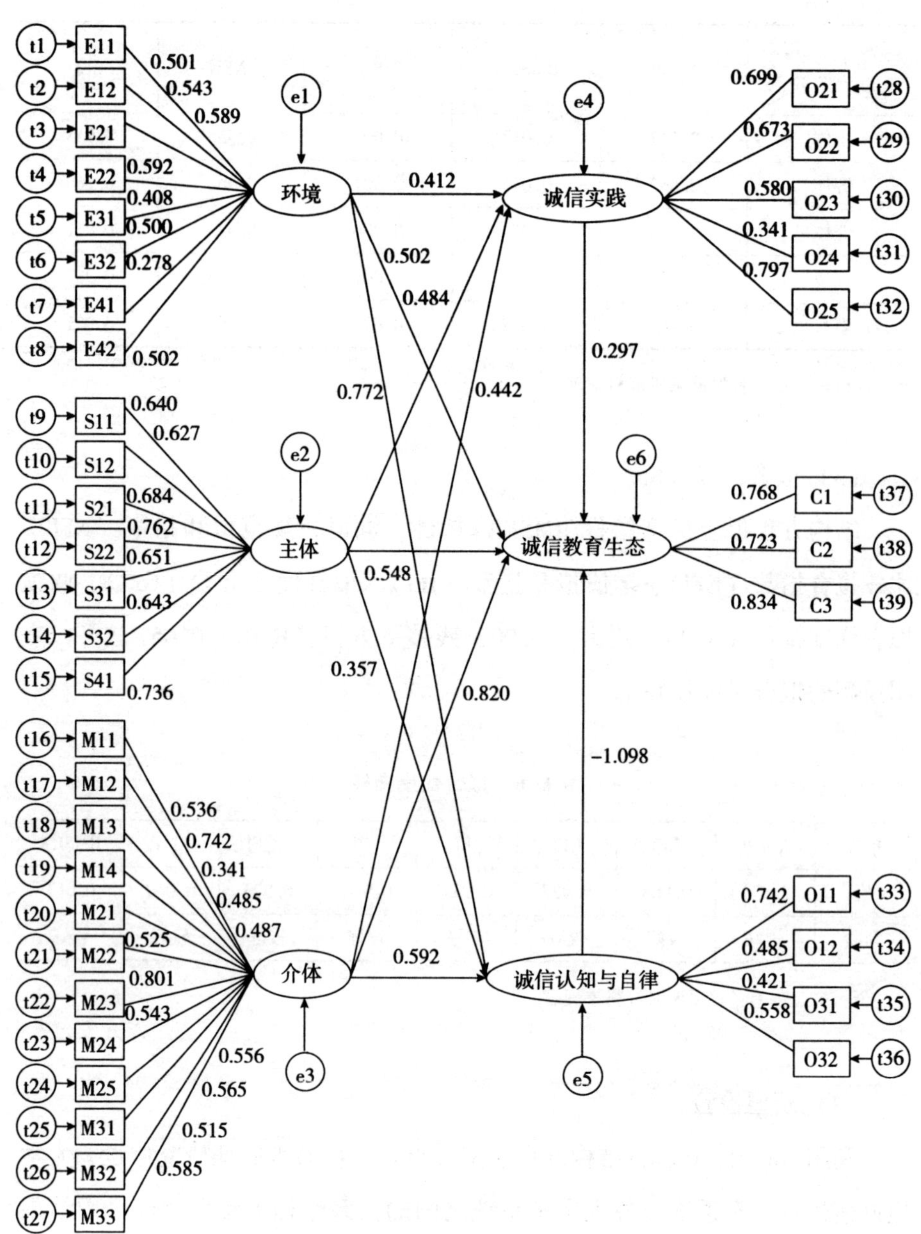

图 6-2 大学生诚信教育生态系统影响因素结构方程模型

6.6 影响因素作用路径分析

(1)“诚信教育环境”对其他因子的影响。

诚信教育环境对大学生诚信实践的影响路径(H1)、诚信认知与自律的影响路径(H2)和诚信教育生态系统的影响路径(H3)均得到验证。这表明诚信教育环境对大学生诚信实践(路径系数为0.412,P<0.05)、诚信认知与自律(路径系数为0.772,P<0.05)和诚信教育生态系统(路径系数为0.502,P<0.05)产生了重要影响,诚信教育环境越好,大学生越容易形成科学的诚信观,其诚信意识越强,在学习生活中更倾向于践行诚信,诚信教育生态也越好。

诚信教育环境的影响因素按照路径系数的大小主要有家庭诚信氛围、校园诚信氛围、网络诚信氛围和社会诚信氛围,其路径系数分别为0.592、0.543、0.502和0.500。由此可见,一是父母作为大学生的第一任老师和学校教育辅助老师,在日常生活中给子女树立诚信榜样,对子女诚信观的塑造、践行诚信行为和诚信自律方面发挥着极其重要的作用;二是学校作为大学生主要学习和生活的场所,是诚信教育主阵地,综合利用媒介和载体尤其是网络媒体,形成浓郁的诚信氛围。因此,优化大学生诚信教育生态系统的环境,要以强化家庭诚信氛围和学校诚信氛围为重点,同时与社会诚信氛围和网络诚信氛围形成合力,共同营造有利于大学生成长的诚信氛围。

(2)“诚信教育主体”对其他因子的影响。

诚信教育主体对大学生诚信实践的影响路径(H4)、诚信认知与自律的影响路径（H5）和诚信教育生态系统的影响路径（H6）均得到验证。表明诚信教育主体的诚信品格和诚信行为给大学生树立的良好的榜样，通过与大学生的密切联系互动，潜移默化地影响大学生的诚信认知和诚信实践，能够有效地促进诚信教育生态系统的建设。

诚信教育主体的影响因素按照路径系数的大小排列依次为行政人员、家长和专业任课教师。由此可见，一是由于大学生日常学习、生活接触最多的是行政管理人员和后勤服务人员，其诚信品质和诚信行为给大学生树立最贴近生活的榜样，对大学生诚信行为的影响最大；二是由于大学生正处在世界观、价值观和人生观的形成阶段，且经济尚未独立，加之民主、平等的新型亲子关系，家长能够根据子女心理状态和成长规律及时对大学生开导和引导，对大学生诚信行为培养有着重要的影响（路径系数为0.736）；三是专业任课教师对大学生诚信认知和诚信行为的影响最小，表明专业任课教师与大学生除了课堂上交流之外，互动联系不多。因此，建立诸如专业导师制、家校联系等机制，加强诚信教育主体与大学生之间的交流互动，进一步发挥教育主体的诚信榜样作用，引导大学生树立科学的诚信观和践行诚信。

(3)“诚信教育介体”对其他因子的影响。

诚信教育介体对大学生诚信实践的影响路径（H7）、诚信认知与自律的影响路径（H8）和诚信教育生态系统的影响路径（H9）均得到验证。在所有因子对诚信教育生态系统的影响作用路径系数中，诚信教育介体对诚信教育生态系统的影响作用系数最大（0.820，$P<0.05$），说明大学生诚信教育生态系统的关键要素是诚信教育介体。诚信教育介体对大学生诚信实践（路径系数为0.442，$P<0.05$）、诚信认知与自律的形成（路径系数为0.592，$P<0.05$）影响显著，制度是诚信教育的保障，能有效地约束大学生的诚信行为，引导其达成合理的诚信认知。

诚信教育介体的影响因素按照路径系数的大小依次为创新诚信教育方式、优化诚信教育内容和诚信管理机制。第一，创新诚信教育方式中形成宣传诚信榜样、曝光失信行为的诚信宣传舆论阵地（路径系数为0.801）对大学生诚信教育的正向影响作用最大，说明诚信舆论导向的重要性；第二，优化创新教育内容中，中国传统美德教育与现实生活中新鲜事例相结合（路径系数为0.742），与社会热点、焦点、难点相结合的影响作用最大（路径系数为0.608），说明在大学生诚信教育中，优化教育内容，激发大学生的学习兴趣，发挥大学生的积极主动性至关重要；第三，诚信管理制度的路径系数均大于0.5，说明诚信管理制度是大学生诚信教育生态系统的重要保障。因此，构建大学生诚信教育生态系统要抓住诚信教育系统的关键点——教育介体，设计大学生喜闻乐见的诚信教育内容和创新诚信教育方式方法，同时不仅要建立健全诚信档案、评价机制和奖惩机制，更要注重诚信制度的有效执行。

（4）“诚信实践”“诚信认知与自律”对诚信教育生态的影响。

诚信实践对诚信教育生态系统的影响路径（H10）得到验证，表明大学生诚信实践对诚信教育生态系统具有显著正向影响（路径系数为0.297，$P<0.05$），是诚信教育生态系统不可或缺的一部分。诚信认知与自律对诚信教育生态系统的影响路径（H11）未得到验证，路径系数为异常值（-1.098，$P<0.05$），说明在构建大学生诚信教育生态系统过程中，对大学生的诚信认知与自律的重视程度不够，即大学生诚信认知与自律的现状与构建大学生诚信教育生态系统的需求不匹配。因此，构建大学生诚信教育生态系统，要加强引导大学生树立科学的诚信观，做到知法守信，慎独自律，省察克治。

诚信实践的主要影响因素为网络诚信、学习诚信和生活诚信，其路径系数都大于0.6。由此可见，一是网络是大学生获得信息的主要媒介，是影响大学生诚信实践的最大因素，因此，不论是创新教育方式方法，还是营造诚信氛围，都要强化对网络的利用和开发；二是处于学习压力或追求荣誉、奖学金等，导致学习诚信是大学生诚信实践的第二大影响因素；三是由于受到社会失信现象的影响，导致大学生在生活中出现轻诺寡信、“放鸽子”等失信行为。因此，应着重从网络、学习和生活三个方面，加强引导大学生践行诚信行为。

诚信认知与自律的主要影响因素是科学的诚信观和省察克治，其路径系数都大于0.5。由此可知，科学的诚信观能够引导大学生经常反思自身的行为，做到诚信自律；同时，经常反思自身的行为，又进一步强化自身的诚信观，两者是相辅相成、相互促进的。因此，要把引导大学生树立科学的诚信观和省察克治作为大学生诚信教育中的重要工作之一。

从“主体、客体、介体和环境”四个维度，介体、主体、环境和诚信实践（客体）对大学生诚信教育生态系统影响路径系数的大小依次为0.820、0.548、0.502、0.297，说明诚信教育介体、主体、环境和诚信实践对大学生诚信教育生态系统的直接影响力依次减小。因此，要抓住主要问题和问题的主要方面，有重点、系统化地构建大学生诚信教育生态系统，重点优化诚信教育介体即诚信教育的内容、方式方法和诚信管理机制，同时强化对诚信认知和诚信自律的重视，补齐科学的诚信观和诚信自我教育的短板。

7

大学生诚信教育生态系统评价

在生态系统评价指标设计原则的指导下，构建了社会教育、学校教育、家庭教育和自我教育“四位一体”的大学生诚信教育生态系统评价指标体系。采用综合模糊评价方法，在专家打分的基础上，对大学生进行诚信教育生态系统量化测评，构建大学生诚信生态评价模型。旨在通过该模型的运用，用定性和定量相结合的方法评价大学生诚信教育生态系统的状况，加强社会教育、学校教育、家庭教育和自我教育的有机联系并形成教育合力，提高大学生诚信教育的针对性和有效性。

7.1 评价指标设计原则

大学生诚信教育生态系统评价是从社会教育、学校教育、家庭教育和自我教育四个方面所做出的一种判断，要达到准确、有效的评价目的，设计一套科学、合理、可操作的诚信评价指标是关键所在。应遵循以下原则①：

（1）科学性原则。

大学生诚信教育生态系统评价是一种评价诚信教育生态系统状况的活动，以辩证唯物主义为指导，使评价指标的设计既要反映社会对大学生诚信道德的客观要求，又要反映诚信教育的本质因素及其内在联系，还要反映各子诚信教育生态系统之间的内在联系以及整个系统与外部环境之间的联系。

（2）系统性原则。

大学生诚信教育系统是一个生态系统，从社会教育、学校教育、家庭

① 钟华山．论诚实守信［J］．湖南行政学院学报，2007（2）：23-26.

教育和自我教育四个方面体现大学生教育生态，使评价指标覆盖面广、信息量大，同时注意指标的层次性和独立性，同一层次的指标不能互相重叠和包含，不能存在因果关系。

（3）客观性原则。

为了避免大学生给自己诚信水平或自己所处的诚信教育生态系统评价过高的情况，因此，采用主要由任课教师、行政管理人员、后勤服务人员、校外专家、家长、班委等组成联合评价主体，结合大学生互评的情况，采取定量与定性分析相结合的方法，尽量做到评价结果客观真实。

（4）可操作性原则。

构建大学生诚信教育生态系统评价体系的主要目的是能够综合评价不同区域或不同高等院校的大学生诚信教育生态系统的整体状况，并保证评价结果能够进行纵向或横向比较。主要体现在：一是评价指标结果的可获得性，即数据来源于教育主体和教育客体，诚信言行密切相连，容易获取；二是评价指标尽量量化；三是评价指标力求简化。

7.2 评价指标体系的确定

由于西方文化不同，国外学者对诚信影响因素的研究主要集中在对大学生学术诚信影响因素的实证分析，主要集中在内因与外因两个维度，内因层面主要表现在性别①、年龄②、专业③、心理④、诚信意识⑤等方面，外因层面主要表现在社会⑥、学校⑦和家庭⑧三个方面。国内学者们研究的范畴比较宽泛，主要从学习诚信、经济诚信、生活诚信和择业诚信即诚信实践的四个方面对大学生诚信品质进行了诸多研究，并从这四个方面建立了大学生诚信品质评价指标体系⑨⑩，也有学者将隐形诚信即诚信意识纳入大学生诚信品质评价指标体系⑪。大学生诚信的影响因素主要有诚信制度⑫、诚信自律⑬、诚信实践⑭、社会环境和网络环境⑮等，大学生诚信教育需要

① Albert Caruana, B. Ramaseshan, Michael T. Ewing. The Effect of Anomie on Academic Dishonesty among University Students [J]. International Journal of Educational Management, 2000, 14 (1): 23-30.

② Donald L. Mc Cabe, Linda Kleber Trevino. Academic Dishonesty: Honor Codes and Other Contextual Influences [J]. Journal of Higher Education, 1993, 64 (5): 522-538.

③ Mian Sajid Nazir, Muhammad Shakeel Aslam, Muhammad Musarrat Nawaz. Can Demography Predict Academic Dishonest Behaviors of Students? a Case of Pakistan [J]. International Education Studies, 2011, 4 (2): 208-217.

④ Kiler Wiiam L., Kilber, Pamela Vannoy. When Students Resort to Cheating [J]. The Chroncle of Higher Education 1993, 39 (45): B1-B2.

⑤ Kenedy Peter, Bisping, Timoty O., Patron, Hilde. Modeling Academic Dishonesty: the Role of Student Perceptions and Misconduct Type [J]. Journal of Economic Education, 2008, 3 (91): 4-21.

⑥ Albert Caruana, B. Ramaseshan, Michael T. Ewing. The Effect of Anomie on Academic Dishonesty among University Students [J]. International Journal of Educational Management, 2000, 14 (1): 23-30.

⑦ Erik W. Black, Joe Greaser, Kara Dawson. Academic Dishonesty in Traditional and Online Classrooms: does the "Media Equation" Hold True [J]. Journal of Asynchronous Learning Networks 2008, 12 (3-4): 23-30.

⑧ Randy L. Genereux, Beverly A. Mc Leod. Circumstances Surrounding Cheating: a Questionnaire Study of College Students [J]. Research in Higher Education, 1995, 36 (6): 687-704.

⑨ 何芹．大学生诚信评价指标体系及评价模型构建［J］．财会通讯，2008（9）：29-31.

⑩ 张文学．大学生诚信综合评价体系研究［J］．大学教育，2016（3）：78-79.

⑪ 郭敬，张学娟．大学生诚信评价体系研究［J］．征信，2010（6）：16-18.

⑫ 王建州．充分发挥制度在大学生诚信品质培育中的作用［J］．中国高等教育，2014（2）：59-60.

⑬ 顾慕娴．大学生诚信教育制度建设新探［J］．广西民族大学学报：哲学社会科学版，2008（5）：172-175.

⑭ 徐柏才．诚信道德的历史渊源与大学生诚信教育［J］．中南民族大学学报：人文社会科学版，2008（1）：177-180.

⑮ 李洪伟，王炳成，陶敏．大学生诚信的影响因素分析——基于结构方程模型的实证［J］．管理评论，2012（8）：170-176.

形成社会支持系统，需要社会、学校和家庭的相互配合，形成联动机制[①]，进而形成良好的社会诚信氛围[②]。虽然也有学者构建了学校、家庭、社会和大学生自身[③]“四位一体”的大学生诚信道德教育模式[④]，但是，尚未建立起基于生态学视阈下的大学生诚信教育体系评价指标体系和评价模型。因此，本文在现有成果和调研的基础上，从生态学角度出发，回归教育对象的自然人本质，并置于一定生态环境中，综合复杂性理论、社会学和组织行为学等理论，从社会教育、学校教育、家庭教育和自我教育四个子诚信教育生态系统出发，构建了“四位一体”的大学生诚信教育生态系统评价指标体系，4 个一级指标、14 个二级指标和 38 个三级指标，如表 7-1 所示。

表 7-1　大学生诚信教育生态系统评价指标体系

社会教育 S	诚信政府 S1	依法行政、政策连续性、政务公开 S11
		诚信考核机制 S12
	诚信制度 S2	完善相关法律法规 S21
		社会信用体系 S22
		学校诚信记录与社会信用体系衔接 S23
	诚信教育 S3	尊重主体地位，参与教育过程 S31
		良好道德习惯 S32
		开展主题教育活动 S33
	诚信环境 S4	良好的诚信氛围 S41
		健康的网络诚信氛围 S42

① 马安勤，马骏，杨志群．大学生诚信教育：问题、机制与方向［J］．华南农业大学学报：社会科学版，2008（3）：148-152.

② 刘志超．大学生诚信道德的经济学分析与思考［J］．科学社会主义，2009（1）：90-93.

③ 杜坤林．当代大学生道德价值观构建的路径及其实现［J］．中国高等教育，2011（12）：52-53.

④ 陈勇．“四位一体”大学生诚信道德教育模式的构建［J］．黑龙江高教研究，2013（7）：139-141.

续表

学校教育 U	教师教辅 U1	专业教师：教书育人 U11
		行政人员：管理育人 U12
		后勤人员：服务育人 U13
	内容与方式 U2	创新诚信教育内容 U21
		创新诚信教育方式 U22
		遵循教育规律、因材施教 U23
	诚信机制 U3	建立诚信档案 U31
		诚信评价机制 U32
		诚信奖惩机制 U33
		诚信监督机制 U34
	诚信氛围 U4	全员动员、人人参与到诚信教育工作的局面 U41
		褒扬诚信、批判失信行为的校园氛围 U42
家庭教育 F	诚信观念 F1	德育为先的全面教育观念 F11
		高度重视、严格要求 F12
	诚信家风 F2	身体力行、言传身教 F21
		褒扬诚信、惩戒失信 F22
	方式方法 F3	平等和谐的亲子关系 F31
		关注心理状态、因时施教 F32
		与学校教育形成良性互动 F33
自我教育 O	诚信认知 O1	科学的诚信观 O11
		知法守法、树立守信意识 O12
	诚信实践 O2	学习诚信 O21
		生活诚信 O22
		经济诚信 O23
		择业诚信 O24
		网络诚信 O25
	自律意识 O3	慎独自律 O31
		省察克治 O32

资料来源：笔者根据相关资料整理。

（1）社会教育。

社会教育是大学生诚信教育的依托和保障，主要包括诚信政府、诚信制度、诚信教育和诚信环境。一是政府诚信是社会诚信的核心和保障。通过坚持依法行政、实施政务公开、保持政策的连贯性、建立健全诚信考核机制等，提升自身诚信度，打造诚信政府。二是要加大对经济社会生活中失信行为的惩戒力度，建立健全诚信相关法律制度，完善社会信用体系，从制度层面上约束人们的诚信行为，并把大学生诚信记录延伸到企事业单位并作为社会信用系统的重要参考，形成社校诚信教育合力。三是强化未成年人尤其是中小学生的诚信教育，发挥未成年人的主体性和积极性，强调参与式过程教育，养成良好的诚信习惯，为大学生诚信教育打好基础。四是诚信环境。一方面，形成“守信光荣、失信可耻”的诚信氛围，增强人们的诚信自觉性。充分发挥各种媒体的舆论导向作用，经常宣传和倡导诚信，加强诚信道德宣传教育，深化人们对诚信的价值理解；同时，加强舆论监督力度，形成强大的惩治失信的环境压力，形成良好的舆论环境①。另一方面，网络是大学生接触信息、与外界联系的最主要的媒介，因此要大兴网络文明之风，健全网络内容发布监管机制，做到网络媒体报道的真实和公正，形成褒扬诚信行为、曝光失信行为的网络氛围。

（2）学校教育。

学校教育处于大学生诚信教育中的主导地位，主要包括师德育人、创新诚信教育的内容和方式、建立健全诚信机制和形成良好的学校诚信氛围四个方面。一是发挥教师的榜样示范作用。教师对大学生的诚信行为起着表率和示范作用，因此，专业教师严谨治学、诚实高尚，做到教书育人；管理人员以人为本、按章管理，做到管理育人；后勤人员热情周到、真诚奉献，做到服务育人；通过教师的言传身教潜移默化、循序渐进地对大学

① 张影晰．构建当代大学生诚信教育体系研究［D］．呼和浩特：内蒙古农业大学，2010.

生进行诚信教育[1]。二是紧跟时代步伐，从学习生活入手，采取多种载体、多种方法，创新诚信教育的方式和内容，拓展诚信的内涵，把中华传统美德、时代气息强的诚信典型等融入到诚信教育中，遵循教育规律，做到因材施教。三是建立大学生诚信档案，建立健全大学生诚信评价、奖惩、舆论监督机制，从制度上激励约束大学生积极践行诚信。四是充分发挥学生的主观能动性，加强校园文化建设，调动大学生的积极性，让大学生主动参与到校园文化活动和社会实践活动中来，形成全员动员、人人参与诚信教育工作的局面和褒扬诚信行为、惩戒失信行为的校园氛围，让诚信在学校内蔚然成风。

（3）家庭教育。

家庭教育是大学生诚信教育的基础和辅助，主要包括诚信教育观念、诚信家风、合适的教育方式方法。一是父母高度重视诚信，对女子严格要求，形成德育为先的全面教育观念。二是父母要审视和修正自身的诚信行为，身体力行，在日常生活中用自己的诚信品质与诚信言行去影响、熏陶和带动子女的进步与发展，潜移默化、春风化雨地形成表扬诚信、批评失信的诚信家风。三是父母能够根据子女成长过程中各个阶段的心理状态和生理特点进行因材施教，与子女之间建立平等和谐的亲子关系，做好其心理压力调节和疏导，并且能和学校保持密切互动，形成家校诚信教育合力。

（4）自我教育。

大学生是诚信教育的客体，只有大学生自身认同诚信，才能把诚信内化为诚信自律，进而践行诚信。因此，构建“学会选择”的自我教育体系，形成诚信道德能力，可以从诚信认知、诚信实践和诚信自律来考量。一是积极主动参加思想政治教育、德育教育、职业道德教育和法制教育，批判

---

① 汪倩．当代大学生诚信教育研究［D］．兰州：西北师范大学，2014.

性地继承和创造性地转换应用中华传统文化，提高大学生的思想认识，树立科学诚信观；学习民法的“诚实守信原则”及其他司法解释，做到知法守法，树立诚信意识。二是坚持养成教育，提高诚信实践能力，主要表现在大学生在学习、生活、经济、择业和网络方面的诚信实践。其中，网络被称之为“第四媒体”，是大学生接触外界信息的主要媒体，成为大学生诚信教育的新阵地。大学生要做到在网络上不信谣，不传谣，不欺骗，不诽谤，在网络上发布信息做到真实和公正，与人交往、经济往来坚持诚信行为，做到慎独自律。三是提高大学生的自律意识，应以“慎独”为目标，积极锻炼，做到时时诚信、事事诚信、处处诚信；要学思并重、省察克治，做到表里如一。

7.3 评价方法的确定

在生态系统的视阈下，对大学生诚信教育生态系统评价，需要考虑社会教育、学校教育、家庭教育和自我教育四个子生态系统内部因素及外部因素相互作用。大学生诚信教育生态系统评价指标既有定量的，也有定性的，必须综合考量定量评价指标和定性评价指标。定量评价指标可以通过统计方法获取，如学习诚信、经济诚信等，而定性评价指标只能采用专家评分法，如诚信认知、诚信氛围等。对于这样受多种因素影响的、既有定量评价指标又有定性评价指标的大学生诚信教育生态系统评价问题，模糊综合评价法是一种十分有效的方法。主要有以下三个方面的原因：

一是模糊评价法可以不直接依赖于某一项指标，也不过分依赖于绝对指标，而是采取比较的方法，这样可以避免传统数学评价方法中由于标准选用不尽合理而导致的评价结果的偏差。

二是评价指标的重要程度通过权数加以体现，但允许在权数选择上有一定的出入，而不至于改变最终的结果。同时在技术处理上，有效地避免了累计误差的影响。

三是模糊评价中运算元的选择和隶属函数关系的确立，在各项参与评价的非量化指标间建立了有机联系，使评价结果能够更好地反映出评价对象的整体特征和一般趋势。

因此，根据对诚信教育生态系统评价指标的划分情况，采用模糊综合评价法对大学生诚信教育生态系统进行评价①。

7.4 评价过程

采用模糊综合评价法对大学生诚信教育生态系统评价的步骤如下：

（1）确定影响因素及其层次。

设影响因素集为 $C=\{C_1, C_2, \cdots, C_m\}$，$C_i(i=1, 2, \cdots, m)$ 为一级指标中的第 i 个因素，其中又由二级指标的几个因素决定，即 $C_1=\{C_{i1}, C_{i2}, \cdots, C_{in}\}$，$C_{ij}(j=1, 2, \cdots, 4)$ 为二级指标的评价因素。根据表 7-1 所示的大学生诚信教育生态系统评价指标体系，其中，社会教育、学校教育、家庭教育和自我教育 4 个指标为一级指标因素 C_i；4 个一级指标下共 14 个二级指标因素 C_{ij}，14 个二级指标下共有 38 个三级指标。

（2）建立评价因素权重集。

在综合评价指标体系中，每一评价项目的单因素评价都是低一层次的

① 何芹．大学生诚信评价指标体系及评价模型构建［J］．财会通讯，2008（9）：29-31.

多因素综合评价的结果。根据表 7-1 的评价指标体系，需要确定各层次评价指标的权重，再由低到高逐层评价。对各层次指标，利用主观赋权法确定权重。

①一级指标权重的确定。

确定一级指标中各影响因素的重要程度，并分别对其赋予相应的权重。一级指标的权重集 $W=\{W_1, W_2, \cdots, W_n\}$，$W_i(i=1, 2, \cdots, n)$ 是一级指标第 i 个因素的权重，n 表示指标的个数。W_{ji} 指第 j 位专家对第 i 个指标判断后确定的权重，而 W_i 则由 m 位专家对第 i 个指标的权重判断结果平均后得到，即：

$$W_i=\frac{(w_{1i}+w_{2i}+\cdots+w_{mi})}{m} \tag{7-1}$$

其中，m 表示专家的人数。同时，第 j 位专家对所有指标赋予的不同权数的和为 1，即：

$$\sum_{i}^{n} W_{ji} = 1 \tag{7-2}$$

具体到大学生诚信生态评价指标中，将一级指标 4 个指标进行考虑，可以得到下列矩阵：

$$W=\begin{bmatrix} w_{1s} & w_{1u} & w_{1f} & w_{1o} \\ w_{2s} & w_{2u} & w_{2f} & w_{2o} \\ w_{3s} & w_{3u} & w_{3f} & w_{3o} \\ \vdots & \vdots & \vdots & \vdots \\ w_{is} & w_{iu} & w_{if} & w_{io} \\ \vdots & \vdots & \vdots & \vdots \\ w_{ms} & w_{mu} & w_{mf} & w_{mo} \end{bmatrix} \tag{7-3}$$

根据公式（7-1），计算出诚信评价体系中的一级指标评价的4个指标权重分别为：

$$\begin{cases} w_s = (w_{1s}+w_{2s}+\cdots+w_{is}+\cdots+w_{ms})/m \\ w_u = (w_{1u}+w_{2u}+\cdots+w_{iu}+\cdots+w_{mu})/m \\ w_f = (w_{1f}+w_{2f}+\cdots+w_{if}+\cdots+w_{mf})/m \\ w_o = (w_{1o}+w_{2o}+\cdots+w_{io}+\cdots+w_{mo})/m \end{cases}$$

所以，大学生诚信教育生态系统一级评价指标权重集为：

$$W=[w_s,\ w_u,\ w_f,\ w_o]=[0.18,\ 0.3,\ 0.32,\ 0.2]$$

②二级指标权重的确定。

然后，确定一级指标所属的二级指标的权重集 w_i，$w_i=[w_{i1},\ w_{i2},\ \cdots,\ w_{ij},\ \cdots,\ w_{im}]$，$w_{ij}(j=1,\ 2,\ \cdots,\ m)$ 是二级指标中决定 C_i 的第 j 个因素 C_{ij} 的权重，且满足：

$$\sum_{j=1}^{m} w_{ij} = 1 \tag{7-4}$$

具体到大学生诚信教育生态系统评价指标中，二级指标权重集也由专家主观赋权得到：

$$\begin{cases} w_s=[w_{s_1},\ w_{s_2},\ w_{s_3},\ w_{s_4}]=[0.20,\ 0.34,\ 0.24,\ 0.22] \\ w_u=[w_{u_1},\ w_{u_2},\ w_{u_3},\ w_{u_4}]=[0.21,\ 0.21,\ 0.31,\ 0.27] \\ w_f=[w_{f_1},\ w_{f_2},\ w_{f_3}]=[0.30,\ 0.42,\ 0.28] \\ w_o=[w_{o_1},\ w_{o_2},\ w_{o_3}]=[0.30,\ 0.38,\ 0.32] \end{cases}$$

③三级指标权重的确定。

依照二级指标权重集的计算方法和过程，可以得到三级指标的权重集：

$$
\begin{cases}
w_{s_1}=[w_{s_{11}}, w_{s_{12}}]=[0.50, 0.50] \\
w_{s_2}=[w_{s_{21}}, w_{s_{22}}, w_{s_{23}}]=[0.36, 0.36, 0.28] \\
w_{s_3}=[w_{s_{31}}, w_{s_{32}}, w_{s_{33}}]=[0.36, 0.40, 0.24] \\
w_{s_4}=[w_{s_{41}}, w_{s_{42}}]=[0.50, 0.50] \\
w_{u_1}=[w_{u_{11}}, w_{u_{12}}, w_{u_{13}}]=[0.40, 0.32, 0.28] \\
w_{u_2}=[w_{u_{21}}, w_{u_{22}}, w_{u_{23}}]=[0.30, 0.32, 0.38] \\
w_{u_3}=[w_{u_{31}}, w_{u_{32}}, w_{u_{33}}, w_{u_{34}}]=[0.27, 0.23, 0.23, 0.27] \\
w_{u_4}=[w_{u_{41}}, w_{s_{42}}]=[0.54, 0.46] \\
w_{f_1}=[w_{f_{11}}, w_{f_{12}}]=[0.50, 0.50] \\
w_{f_2}=[w_{f_{21}}, w_{f_{22}}]=[0.60, 0.40] \\
w_{f_3}=[w_{f_{31}}, w_{f_{32}}, w_{f_{33}}]=[0.34, 0.36, 0.30] \\
w_{o_1}=[w_{o_{11}}, w_{o_{12}}]=[0.50, 0.50] \\
w_{o_2}=[w_{o_{21}}, w_{o_{22}}, w_{o_{23}}, w_{o_{24}}, w_{o_{25}}]=[0.22, 0.28, 0.28, 0.22] \\
w_{o_3}=[w_{o_{31}}, w_{o_{32}}]=[0.50, 0.50]
\end{cases}
$$

由此，得到大学生诚信教育生态系统评价指标体系的所有权重集。

（3）建立评价集。

不论评价指标层次有多少，评价集只有一个，这个评价集适用于全部影响诚信教育生态系统的因素。通过评价集给定评价的基准，表示为 $V=[v_1, v_2, \cdots, v_k, \cdots, v_n]$。其中，$V_k(k=1, 2, \cdots, n)$ 为总评判的第 k 个可能的评价等级。将大学生诚信教育生态系统评价集设定为：$V=$[优秀，良好，中等，一般，差]。

（4）建立模糊评价矩阵。

根据指标的不同内容，由专业教师、辅导员、后勤工作人员、教务处工作人员、学生处工作人员、财务处工作人员、系部学生工作负责人、就业中心工作人员、网络中心工作人员、学生会干部、班委、家长、社会征信系统工作人员、中学教育专家等选派代表组成不同的专家组，对三级评价指标进行评定。其中，学生处工作人员、系部学生工作负责人、就业中心工作人员、网络中心工作人员、中学教育专家、社会征信系统工作人员、学生会干部共同对“社会教育”状况进行评价。由专业教师、辅导员、后勤工作人员、教务处工作人员、学生处工作人员、系部学生工作负责人、学生会干部共同对“学校教育”状况进行评价。由系部学生工作负责人、辅导员、班委、学生会干部、家长等共同对“家庭教育”状况进行评价。在对“自我教育”诚信状况评价中，由学生会干部、班委、辅导员、系部学生工作负责人对“诚信认知”和“自律意识”状况进行评价；在“诚信实践”状况评价中，由专业教师、教务处工作人员和班委负责对“学习诚信”状况进行评价，由辅导员、后勤工作人员和班委对“生活诚信”状况进行评价，由财务处工作人员、辅导员和班委对“经济诚信”状况进行评价，由系部学生工作负责人、就业中心工作人员和班委对“择业诚信”状况进行评价。每个专家小组人数分别为5人。这种评价是一种模糊影射，即对每个三级指标的评价，由于不同评价人员可以做出不同的评定，所以评价结果只能用对第 i 个因素做了第 j 个评价等级的可能程度大小来表示。这种可能程度称为隶属度，记作 m_{ij}，用公式表示为：

$$m_{ij}=\frac{\text{对第 } i \text{ 个因素做出第 } j \text{ 评价尺度的专家人数}}{\text{参加评价的专家人数}} \tag{7-5}$$

由此得到第 i 个二级指标的模糊评价矩阵：

$$M=\begin{bmatrix} m_{11} & m_{12} & \cdots & m_{15} \\ m_{21} & m_{22} & \cdots & m_{25} \\ \vdots & \vdots & m_{ij} & \vdots \\ m_{n1} & m_{n2} & \cdots & m_{n5} \end{bmatrix} \tag{7-6}$$

其中，n 为指标个数，5 为评价尺度等级数。

表 7-2 三级指标权重及其评价结果

一级指标	二级指标	三级指标及权重	评价结果（隶属度）				
			优秀	良好	中等	一般	很差
社会教育 S	诚信政府 S1	S11（0.50）	0.6	0.2	0.2	0	0
		S12（0.50）	0.2	0.6	0.2	0	0
	诚信制度 S2	S21（0.36）	0.4	0.4	0.2	0	0
		S22（0.36）	0.2	0.6	0.2	0	0
		S23（0.28）	0	0.4	0.6	0	0
	诚信教育 S3	S31（0.36）	0.4	0.4	0.2	0	0
		S32（0.40）	0.2	0.8	0	0	0
		S33（0.24）	0	0.4	0.6	0	0
	诚信环境 S4	S41（0.50）	0.2	0.2	0.6	0	0
		S42（0.50）	0.2	0.4	0.4	0	0
学校教育 U	教师教辅 U1	U11（0.40）	0.4	0.6	0	0	0
		U12（0.32）	0.2	0.8	0	0	0
		U13（0.28）	0	0.8	0.2	0	0
	内容与方式 U2	U21（0.30）	0	1	0	0	0
		U22（0.32）	0	0.2	0.8	0	0
		U23（0.38）	0	1	0	0	0
	诚信机制 U3	U31（0.27）	0.4	0	0.6	0	0
		U32（0.23）	0.4	0	0.6	0	0
		U33（0.23）	0.4	0	0.6	0	0
		U34（0.27）	0.2	0.2	0.6	0	0
	诚信氛围 U4	U41（0.54）	0.2	0.8	0	0	0
		U42（0.46）	0.4	0.6	0	0	0

续表

一级指标	二级指标	三级指标及权重	评价结果（隶属度）				
			优秀	良好	中等	一般	很差
家庭教育 F	诚信观念 F1	F11（0.50）	0.4	0.6	0	0	0
		F12（0.50）	0.4	0.4	0.2	0	0
	诚信家风 F2	F21（0.60）	0.4	0.6	0	0	0
		F22（0.40）	0.4	0.6	0	0	0
	方式方法 F3	F31（0.34）	0.4	0	0.6	0	0
		F32（0.36）	0	0.4	0.6	0	0
		F33（0.30）	0	0	1	0	0
自我教育 O	诚信认知 O1	O11（0.50）	0	1	0	0	0
		O12（0.50）	0	1	0	0	0
	诚信实践 O2	O21（0.23）	0.4	0.2	0.4	0	0
		O22（0.21）	0.4	0.6	0	0	0
		O23（0.21）	0.4	0.2	0.4	0	0
		O24（0.16）	0.2	0.2	0.6	0	0
		O25（0.19）	0	0.4	0.6	0	0
	自律意识 O3	O31（0.50）	0	0.8	0	0.2	0
		O32（0.50）	0	0.6	0.2	0.2	0

资料来源：笔者根据相关资料整理。

（5）建立模糊综合评价模型。

根据模糊评价矩阵，大学生诚信教育生态系统的二级指标“诚信政府 S_1”的模糊综合评判集为：

$$
\begin{aligned}
B_{s_1} &= w_{s_1} \cdot M_{s_1} \\
&= [w_{s_{11}}, w_{s_{12}}] \cdot \begin{bmatrix} m_{11} & m_{12} & \cdots & m_{15} \\ m_{21} & m_{22} & \cdots & m_{25} \end{bmatrix} \\
&= [b_{s_{11}}, b_{s_{12}}, b_{s_{13}}, b_{s_{14}}, b_{s_{15}}]
\end{aligned} \tag{7-7}
$$

同理，可以计算出二级指标“诚信制度 S_2”“诚信教育 S_3”“诚信环境 S_4”的模糊综合评价判断集 B_{s_2}、B_{s_3}、B_{s_4}。

表 7-3　二级指标权重及其评价结果

一级指标	二级指标及权重	评价结果（隶属度）				
		优秀	良好	中等	一般	很差
社会教育 S	诚信政府 S1（0.20）	0.4	0.4	0.2	0	0
	诚信制度 S2（0.34）	0.216	0.472	0.312	0	0
	诚信教育 S3（0.24）	0.224	0.56	0.216	0	0
	诚信环境 S4（0.22）	0.2	0.3	0.5	0	0
学校教育 U	教师教辅 U1（0.21）	0.224	0.72	0.056	0	0
	内容与方式 U2（0.21）	0	0.744	0.256	0	0
	诚信机制 U3（0.31）	0.346	0.054	0.6	0	0
	诚信氛围 U4（0.27）	0.292	0.708	0	0	0
家庭教育 F	诚信观念 F1（0.30）	0.4	0.5	0.1	0	0
	诚信家风 F2（0.42）	0.4	0.6	0	0	0
	方式方法 F3（0.28）	0.136	0.144	0.72	0	0
自我教育 O	诚信认知 O1（0.30）	0	1	0	0	0
	诚信实践 O2（0.38）	0.292	0.322	0.386	0	0
	自律意识 O3（0.22）	0	0.7	0.1	0.2	0

资料来源：笔者根据相关资料整理。

由此，得出一级指标“社会教育 S”的模糊综合评价判断集：

$$B_s = w_s \cdot M_s$$

$$= [w_{s_1}, w_{s_2}, w_{s_3}, w_{s_4}] \cdot \begin{bmatrix} B_{s_1} \\ B_{s_2} \\ B_{s_3} \\ B_{s_4} \end{bmatrix} \tag{7-8}$$

$$= [b_{s_1}, b_{s_2}, b_{s_3}, b_{s_4}, b_{s_5}]$$

同理，可以计算出一级指标“学校教育 U”“家庭教育 F”“自我教育 O”的模糊综合评价判断集 B_u、B_f、B_o，由此可得：

$$B^* = \begin{bmatrix} B_s \\ B_u \\ B_f \\ B_o \end{bmatrix}$$

表 7-4　一级指标权重及其评价结果

一级指标及权重	评价结果（隶属度）				
	优秀	良好	中等	一般	很差
社会教育 S（0.18）	0.2512	0.44088	0.30792	0	0
学校教育 U（0.30）	0.23314	0.51534	0.25152	0	0
家庭教育 F（0.32）	0.32608	0.44232	0.23160	0	0
自我教育 O（0.20）	0.11096	0.64636	0.17868	0.064	0

资料来源：笔者根据相关资料整理。

然后，再根据 4 个一级指标的不同权重和模糊综合评判集，计算出大学生诚信教育生态系统的模糊综合评判集 B。即：

$$
\begin{aligned}
B &= w \cdot B^{*} \\
&= [w_s, w_u, w_f, w_o] \cdot \begin{bmatrix} B_s \\ B_u \\ B_f \\ B_o \end{bmatrix} \qquad (7\text{-}9) \\
&= [b_1, b_2, b_3, b_4, b_5] \\
&= [0.2416956, 0.5047748, 0.2407296, 0.0128000, 0.0000000]
\end{aligned}
$$

（6）计算诚信教育生态系统评价值

将不同等级设置为不同的分值，设

G=[90（优秀），80（良好），70（中等），60（一般），50（差）]。

通过计算可以得出某个区域或某个高等院校的大学生诚信教育生态系统的评价值：$B \cdot G^T = b_1 \times 90 + b_2 \times 80 + b_3 \times 70 + b_4 \times 60 + b_5 \times 50$，进而确定出该区域大学生诚信教育生态系统的整体状况，得出属于五个层次中的哪个层次上或哪两个层次之间。

$B \cdot G^T = 0.2416956 \times 90 + 0.5047748 \times 80 + 0.2407296 \times 70 + 0.0128000 \times 60 + 0.0000000 \times 50 = 79.75$

由此，可以确定出该区域的大学生诚信教育生态系统处于接近良好等级。

7.5 评价结果分析

高等院校相关部门、学生会干部以及部分家长、校外专家组成评价主体，对大学生诚信教育生态系统的各个指标进行评价和确定评价体系中的各指标的权重，采用模糊综合评价法可以比较全面、科学地对大学生诚信教育生态系统进行评价。

不同区域的大学生诚信教育生态系统评价值略有差异，但都处于良好或接近良好等级。另外，对调查数据进行卡方独立性检验的结果表明，不同区域的大学生诚信教育生态系统评价值在地区上的差异统计检验不显著，即不同地区的大学生诚信教育生态系统的等级水平基本一致，不存在明显差异。

不同高等院校的大学生诚信教育生态系统评价值差异较大，处于不同等级水平。这可能是由于高等院校的自身属性所致，比如师范类院校与非师范类院校，还有与学校层次不同有关，更大的可能是由于评估专家对不同高校的了解不同而出现的打分差异所致。

因此，本文所设计的大学生诚信教育生态系统评价指标体系和评价模型，可以适用于不同区域或不同高等院校的大学生诚信教育生态系统之间的横向比较评价，更适合对某个区域或某个高等院校的大学生诚信教育生态系统的纵向比较评价。

通过该模型的运用，能产生以下三个方面的作用：一是有助于从生态系统的角度理解大学生诚信教育系统，明晰了社会教育、学校教育、家庭教育与自我教育四个子诚信教育系统的影响因素，在四个子诚信教育系统之间建立了有机联系，并且注重诚信教育生态系统与外部环境之间的联系，形成诚信教育合力，进而提升大学生诚信教育的成效。二是运用该模型得到各个子系统和影响因素的权重，即各子系统对大学生诚信教育生态系统和各影响因素的重要程度，有利于明确主要矛盾和矛盾的主要方面，进而确定大学生诚信教育的工作重点和方向。提高大学生诚信教育的针对性和有效性。生态效益的产生，依赖于整个生态系统中各个节点功能的协调发挥，任何一个节点功能出现问题，都会阻碍预期生态效益的产生。因此，运用该模型得到各子系统和各影响因素的状况评断，明晰大学生诚信教育生态系统的短板，并针对其短板，采取有针对性的弥补措施，有利于大学生诚信教育生态系统的生态效益的产生。

在运用该模型对大学生诚信教育生态评价和应用时，应注意以下问题：一是既可以对区域大学生诚信教育生态系统进行评价，也可以对高等院校大学生诚信教育生态系统进行评价，还可以对四个子生态系统进行综合评价，但对各子诚信教育生态系统进行评价时，要注意其与其余子诚信教育生态系统以及外部环境之间的联系。例如，可以从诚信认知、诚信实践和诚信自律三个方面对大学生自我诚信教育生态系统进行评价。二是评价主体的组成根据不同评价目的的实际情况而定。可以由某一类评价主体对某个指标进行评价，如由任课教师对学业诚信进行评价，也可以由不同评价主体代表对某个指标进行评价，如由任课教师、教务处工作人员和班委共同对学业诚信进行评价。三是评价指标和评价方法不是唯一的，而是随着经济社会的发展而变化，也随着不同评价目的而有所差异。

8

案例分析：天津师范大学诚信教育生态系统

天津师范大学有着50多年优良的校园文化传统，一直注重在诚信文化建设上全方位、多角度、合众力开展内容丰富、形式新颖的活动。学校以深化和培育诚信意识为目标，以学生在校期间的不同成长阶段为着眼点，以体制机制建设为根本，以丰富的第二课堂活动为载体，在对诚信文化建设的不断思考与创新探索中，逐步构建了一个以“家庭教育、学校教育、社会教育、自我教育”相结合的“四位一体”诚信教育生态系统，并取得了一定实效。

8.1 诚信教育的历史沿革

20世纪90年代初，学校创造性地提出了全员、全过程、全方位的“德育一体化”育人理念并在工作实践中不断丰富和完善，让校园修身文化成为大学生立德正行的人生追求。

20世纪90年代末，以着力打造“第二课堂”思想教育建设工作为目标，学校开始在学生思想教育和校园文化建设领域践行诚信教育观。数学科学学院（当时为数学科学系）曾率先提出并建立了“学生诚信档案”的教育模式，将学生在学业、生活等方面的失信行为通过档案记录的形式反馈到学生每年一度的综合测评中，以此作为综合测评德育评价中奖惩赋分的一项依据。2000年以后，学校以教育引导学生树立正确三观为工作目标，提出了“诚信·友善”教育概念，20余年来，有关诚信文化建设的步伐在逐步深入，学校对诚信文化建设的思考也在与时俱进。

党的十八大报告中，“诚信”二字被正式纳入社会主义核心价值观的范畴，更加凸显了其在当前社会发展中的重要地位和作用。这既是对我们当前工作提出的最新理论指导，更是对我们未来工作指明的前进方向。

自党的十八大召开以后，在深入学习，积极践行社会主义核心价值观的思想教育工作中，学校党委定位明确、思路明晰，各有关部门形成共识、齐推并进，经过多年的工作实践与探索，逐步确立了以诚信教育引领校园文化的共识。学校在诚信教育开展过程中坚持“教育为主、管理为促，重在实践、内化于心”的工作模式，在“制度创新、载体创新、内容创新”上探索出了一条切实可行的新路，依托诚信教育“六个有”的工作思路，即“有课程、有研究、有活动、有载体、有制度、有效果”，实现了对在校大学生“培养诚信意识、践行诚信行为、弘扬诚信文明”的育人目标。

8.2 “四位一体”的诚信教育生态系统

多年的实践探索使学校对诚信教育的主体、客体、介体和环境有了更深的认识。诚信教育不能仅仅依赖学校单方面的努力，更需要强化学校教育的主导地位，拓展社会教育渠道，融合家庭教育力量，激发学生自我教育潜能，通过构建并完善以学校教育为主体的“四位一体”教育构架，使诚信教育的纵深不断拓展，并形成一个完整的生态，如图 8-1 所示。

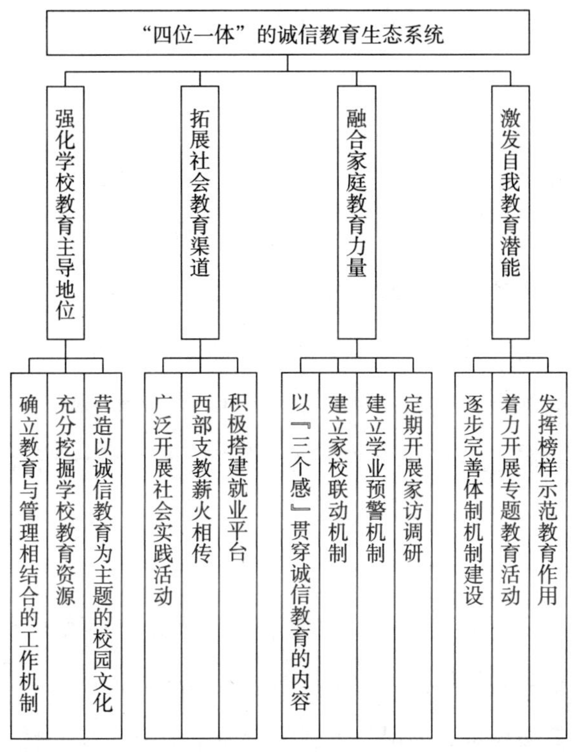

图 8-1 “四位一体”的天津师范大学诚信教育生态系统

资料来源：笔者根据相关资料整理。

8.2.1 强化学校教育主导地位

8.2.1.1 深入思考，确立以诚信教育与诚信管理相结合的工作机制

诚信教育是一项系统性、长期性的教育活动，建立和健全相关的体制机制，是推动诚信教育工作持续开展的动力和保障。天津师范大学将诚信教育视为一项系统工程，协调诸多教育主体和各类资源的密切配合，结合

大学生特点的方式方法，在教育的基础上辅之以管理，从而形成完善的制度、健全的机制和有效的措施。

（1）建立诚信教育领导机制。

学校党政领导高度重视大学生诚信教育，成立了由分管学生工作和宣传工作的党委副书记牵头，各学院副书记、宣传部、学生处（学工部）、研究生管理学院、教务处、就业指导中心、贫困学生资助管理中心、团委等部门参加的大学生“诚信教育”工作领导小组，为学校加强大学生诚信教育提供了坚强的领导和组织保障。学生工作部门牵头制定了《关于进一步加强大学生“诚信教育”的实施方案》，基本构建了诚信教育工作的运行机制。

与之相应，各基层学院也成立了由分管学生工作副书记、教学副院长为组长，学工办、教学办等专职管理干部为成员的院级工作领导小组，其中，各学院专职辅导员具体负责工作的开展与落实。

在诚信教育领导机制的保障下，学校诚信教育工作实现了“目标明确、内容充实、分工有序、落实到位”。

（2）健全诚信教育管理机制。

学校经过多年的实践与探索，逐步健全了以“队伍建设机制、学生评价机制、学生奖惩机制”为主体的诚信教育管理机制。

首先，学校历来注重培养和提升教师、管理干部和后勤服务队伍的师德建设与教学、管理、服务水平建设。学校每年均开展教师“师德建设评比”工作，并依托校党委宣传部、校工会定期开展师德论坛，举办专题报告；学校每年均开展管理干部教育培训、读书推荐等涵盖诚信素质内容，全体学工干部定期召开沙龙研讨，邀请专家全面解读诚信文化，使学校“诚信教育”实施者本身具备了高素质、高水平、高技能，确保了诚信教育拥有理论指导和正确导向。

其次，在诚信教育的管理过程中，学校依托学生“诚信档案”，记录学生日常的诚信与失信行为，并开展诚信文明行为的“自评”与“互评”，不断完善了学生评价机制。

最后，将评价结果与学生综合测评体系对接，实现了学生诚信文明行为与评奖、评优相挂钩的奖惩机制。

（3）完善诚信教育保障机制。

校党委副书记亲自为活动的开展定位导航，亲任组长开设诚信教育选修课，主编教材并指导辅导员立项专门研究“高校学生诚信机制建设研究与实践”课题，多次组织相关部门召开会议研究诚信教育工作的思路和对策，使诚信教育拥有了与时俱进的理论保障。同时，学校下拨了专项经费，使诚信教育拥有了资金保障。此外，学校每年召开的诚信教育工作启动和总结会更为诚信教育提供了有力的宣传保障。

（4）落实诚信教育工作机制。

学校在大学生诚信教育中一直坚持有定位、有目标、有策划、有落实、有宣传、有总结的“六个有”的原则，确保诚信教育做深、做透和做实。

一是有定位。学校在策划阶段时，就其定位成一个全校型的品牌活动。二是有目标。学校的目标是：培养学生诚信文化与责任意识养成、倡导学生践行诚信行为，让学生能够对诚信文化及诚信理论知识进行全面的理解和掌握；能够将个人诚信意识自觉逐步地转化为诚信行为。从而使诚信教育与责任意识有机地结合，有效地促进和保障校园精神文化建设、优良校风学风、良好道德风尚的形成和优化。三是有策划。无论是学校开展的活动，还是基层学院的特色活动，学校都做了科学的策划，有系统、宏观的活动构建，也有具体明确的创意、主题、口号、项目和相关安排。四是有落实。对于活动的各个环节和方方面面，都在工作小组的统筹部署和安排下扎扎实实地做好。五是有宣传。学校高度重视活动的宣传工作，在《天津日报》等媒体进行了报道。六是有总结。活动每做完一步，学校都对“诚信教育”工作进行总结，及时总结经验和不足，并召开了学校“诚信教育”总结会。

8.2.1.2 积极探索，以“全员育人”为目标充分挖掘学校教育资源

学校诚信教育处于诚信教育生态系统的主导地位，承担着教育主体的主要职能。在传统的思想教育模式和工作方法中，思想教育仅通过专职政工队伍和“两课”教师来负责实施和开展。其中，“两课”教师作为第一课堂的教学主体，承担着理论教育的任务；思想政治工作队伍专职人员（一般指辅导员、团干部）作为第二课堂的教学主体，通过开展各类思想教育活动，来完成实践教学的任务。但是，传统的思想教育模式受人员、时间、空间等因素的影响，在诚信教育工作中，不能将教育的效果提升至最大化。学校在工作实践中，通过整合教育资源，延伸和拓展“两个课堂”的教育主体，并运用生态学的理论、方法和成果来分析和考察大学生的诚信问题，通过将施教者、受教者、学校环境等因素融入一个有机整体，形成一个相互影响、相互联系、相互促进的生态系统，来充分发挥和提升教育效果，使受教者得到全方位的发展。

（1）充分挖掘“第一课堂”教育潜力。

“第一课堂”是学生在校期间接受学习、教育的主阵地。因此，“第一课堂”的教育内容、教育过程、教育方式、教育效果对学生均产生着至关重要的影响。

在传统的高校教学工作中，“第一课堂”仅作为专业教师讲授专业课程的殿堂，却忽略了其作为思想教育重要阵地的作用力和影响力。当前时期，很多高校的专业课教师都是刚刚毕业的博士生，有些是“海归人士”，也有

一些“企业精英”的加盟，其中的一些教师对“高校教师”这一职业的理解片面化，对自身应担负的教育责任和对学生开展“全方位教育”的意识不够明确，因此，对自身在课堂的行为要求不够严格。有些教师上课迟到，教案准备草率，教学过程随意化，甚至有些高校的专业教师在课堂上毫无顾忌，借着“学术自由”的名义随意发表个人观点和个人情绪，有些言论偏离了党的教育方针和宗旨，对引导青年学生学习、践行和弘扬社会主义核心价值观产生了消极影响。因此，从师德建设入手，进一步规范“第一课堂”教学秩序，使施教者本身具备高素质是高校教学管理工作的重要职责，更是挖掘“第一课堂”教育潜力，贯彻“全员、全过程、全方位”诚信教育理念的首要环节。

学校多年来高度重视教师师德建设工作，将深化师德建设工作摆在了教师管理工作的重要位置，并建立了长效机制。在加强师德建设工作中，学校党委和行政紧紧围绕立德树人根本任务，传承“爱国敬业、学高身正、改革创新、开放包容、艰苦创业、团结和谐”的天津师范大学精神，以“爱国守法、敬业爱生、教书育人、严谨治学、为人师表、服务社会”目标，通过建立健全教育、宣传、承诺、考核、监督、激励、惩处相结合的师德建设工作机制，引导和激励广大教师自尊自律自强，明确岗位责任和社会责任，将师德规范内化为自觉行为，做学生敬仰爱戴的品行之师、学问之师，做社会主义道德的示范者、诚信风尚的引领者、公平正义的维护者。

在“第一课堂”教学主阵地中，专业教师在“传道、授业、解惑”的教学过程中将“诚信意识、敬业精神”垂范于“严谨治学、为人师表”之中，潜移默化地影响着学生的三观，为践行社会主义核心价值观做出了应有贡献。几十年来，学校中不乏道德楷模。教师在课堂上严守教学秩序，自身就是“诚实守信”的典型模范，有的教师为了保证课堂教学秩序，甚至在得知家人去世的消息之后，仍坚持将课讲完才离开教室；有的教师为了履行对学生教学课题研究的承诺，带病坚持授课，最终因疾病突发永远离开了挚爱的讲台；更有原副校级巡视员、校关工委老同志王辅成老师，在退休后的10余年中，为学生义务宣讲“三观”，不计报酬、分文不取。他对自己恪守诚信，严于律己，古稀之年仍坚持站立演讲，从不迟到、超时，演讲过程全部脱稿，以示对课堂、对学生的尊重。多年来，他捐资助学，帮助了十几位家庭经济困难的学生顺利完成了学业，而到现在，自己仍居住在不足60平方米的老式楼房，家中仅有的装潢与饰品就是堆满房间的书籍和资料。

学校每年均会开展师德评比和师德标兵评选，层面涵盖专业学院、机关部处、业务单位和教师个人，并依托宣传、考核、监督、奖惩等机制来不断深化和巩固师德建设成果。在师德建设工作的推动下，专业教师作为诚信典范，不但以身作则，恪守师德准则，更将诚信意识的养成以课程讲授形式融入了教学过程，使“第一课堂”的教育效能充分发挥了出来。

（2）巩固深化“第二课堂”教育成果。

“第二课堂”区别于“第一课堂”的教学活动，是传统思想教育工作的主阵地。对于学校诚信教育来说，巩固和深化“第二课堂”的教育成果既是建立整个诚信教育生态系统的主干要求，又是“穿针引线、开枝散叶”充分发挥教育效能的必要条件。

①依托互联网、新媒体平台创新教育模式，创新教育载体。

进入新世纪以后，随着互联网技术的迅猛发展，高校的思想教育与管理工作也充分利用互联网技术，并开启了改革和创新的步伐。在传统的思想教育模式下，教育途径有限，载体单一，随着互联网技术的进步与发展，传统的教育手段已不能适应和应对新时期下高校学生思想教育工作凸显的问题。

党的十八大召开之后，习近平总书记在“五四”重要讲话和“8·19”重要讲话中代表新一届党中央对共青团和青年工作提出一系列新的重要要求，这使得新时期的共青团和高校学生思想教育工作须紧跟时代步伐，才能充分发挥引领青年的重要作用。2015 年 1 月，中共中央办公厅、国务院办公厅印发了《关于进一步加强和改进新形势下高校宣传思想工作的意见》，《意见》强调指出，意识形态工作是党和国家一项极端重要的工作，高校作为意识形态工作前沿阵地，肩负着学习研究宣传马克思主义，培育和弘扬社会主义核心价值观，为实现中华民族伟大复兴的中国梦提供人才保障和智力支持的重要任务。高校应以立德树人为根本任务，以深入推进中国特色社会主义理论体系进教材、进课堂、进头脑为主线，以提高教师队伍思想政治素质和育人能力为基础，以加强高校网络等阵地建设为重点，积极培育和践行社会主义核心价值观。鉴于此，如何贴近新时期思想活跃的大学生，如何借助网络媒体的力量更具针对性地开展思想教育工作，便成为了时代课题。

学校多年来经过不断探索和实践，利用互联网技术丰富“第二课堂”建设，为创新思想教育模式开辟了新路，也促使诚信教育进入了思想教育模式改革和示范的阵营。自 2000 年以来，学校先后建立了一些“红色网站”，以求在网络中开辟思想教育阵地。但是这些网站一味强调红色宣传的主旋律，宣传形式单一、内容陈旧，主要体现了思想宣传与政策引导，不能很好地“接地气”，导致学生访问量有限，参与主动性不强，互动性欠佳，没有达到预想的实际效果。经过总结与反思，学校另觅思路，既然“红色网站”无法吸引学生，就通过“了解和进入学生阵地”的方式来靠近学生，最终影响学生。鉴于此，学校决定放弃盲目建立网站的工作方式，取而代之的是在学生活跃度高的网络平台中建立新型网络阵地——“网络社区团支部”（以下简称“网团”），此举得到了学生的积极回应，并取得了良好的收效。

在2010年前后，学校依托校、院两级团委、学生会、学生社团组织，在百度贴吧、人人网、腾讯QQ中建立了若干具有特色的“网团”，通过开展网络团建活动，吸引学生、影响学生，发挥思想教育功效。经过一年多的建设，一批精品的“网团”纷纷建立，这些“网团”以新颖的名称，贴近学生的语言，接地气的活动迅速得到了学生的认可。这些“网团”有思想教育类的“时代先锋”“校园楷模”；有志愿服务类的“魅力志愿者”；有考研学习类的“外语俱乐部”“研途有你”；有就业创业类的“创业先锋”“远眺职场”；有校园文化类的“与你同行”“校园原创文学”；有科技创新类的“机器人之家”；等等。这些丰富的网络团建形式，既富有鲜明的时代特征，又强调了兴趣引导的主题。事实证明，这些以学生喜闻乐见的形式建设的网络团组织，对青年学生更具吸引力、凝聚力、引导力，网络团建工作也取得了一定的成绩，作为全国先行试点单位，学校的网络团建工作得到了团中央学校部的关注与认可。

“网团”工作的创新开展为丰富“第二课堂”的载体开辟了新路，学校诚信教育工作也依托“网团”建设开辟了线上、线下两条宣传渠道。借助“网团”的阵地优势，学校通过“时代先锋”“校园楷模”栏目广泛宣传校园内的诚信楷模，宣讲诚信事迹，引起了学生共鸣。2013年后，“网团”阵地又随着全民微信时代的到来，进行了“战略迁移”。学校党委宣传部、学工部、校团委等部门纷纷开辟了“师小薇”“天师勤读”“继之青年”等官方微信、微博平台，各基层学院依托学工办、院团委、院学生会、学生社团等组织开辟了具有自身专业特色的微信、微博公众平台，此举使思想教育工作又增添了新的载体。

②结合思政专业队伍、行政管理干部、后勤服务人员，扩充教育主体。

在丰富“第二课堂”教育载体的同时，学校也在思考如何进一步拓展和扩充诚信教育主体。在“全员、全过程、全方位”的“德育一体化”工作理念指导下，诚信教育必须进一步挖掘校园教育主体的潜力，扩充队伍层面，真正实现“全员”教育。

鉴于此，学校充分发挥专业教师、行政管理干部和后勤服务人员的力量，将“全员”教育模式有效融入“第二课堂”教育，既扩充了诚信教育主体，又丰富了诚信教育载体。在捏合三类教师队伍的工作中，学校以“思想政治理论课实践教学”和“诚信教育宣传月”为切入点，取得了实效。

一是在传统思想政治理论课课堂教学的基础上，学校于2006年创新开展了“实践教学”工作。此项工作由校团委牵头负责，学校马克思主义学院、学校教务处和各基层学院为支持单位。教务处将思想政治理论课实践教学纳入正式教学课程体系，马克思主义学院的思政课专业教师作为课程组的组长，带领各基层学院的辅导员和团干部集体备课、集中学习，并指导各学院的辅导员、团干部以社会实践活动和团日活动为依托开展实践教学课程。实践教学紧密围绕和结合课堂教学的进度，将每门思政课分为四个不同的教学主题，每个教学主题均需开展一次实践教学。在实践教学工作的带动下，诚信教育作为“思想道德修养与法律基础”课程的重要教学模块，既有专业教师的理论指导，又有行政管理干部的参与和具体实践，两类教师队伍互为补充、互通有无、互相促进，学生也通过实践教学更好地理解了理论教学内容，这种以“第一课堂”和“第二课堂”相结合的工作方式成为了学校思想教育工作的示范。

二是在诚信教育宣传月工作中，学校结合教育主题，充分挖掘和发挥后勤服务人员的教育潜能，既为诚信教育“第二课堂”注入了活力，又为营造积极、向上的和谐校园文化助推了动力。在诚信教育宣传月中，学校依托学生公寓生活指导中心，在学生中开展了“我最喜爱的楼管阿姨”评选活动，经线上、线下票选，最终评出了一对“保洁姐妹花”，当选了公寓辅导员“诚信之星”。这对姐妹一起负责两个学生公寓楼的保洁工作，多年来，风雨无阻，全勤上岗。她们负责的楼宇卫生一直保持全校最佳，而且她们拾金不昧，将工作中拾到的巨额财物物归原主，获得了学生和学校管理部门的一致好评。她们在平凡岗位中的点滴奉献故事感染了学生，她们诚实守信、拾金不昧的事迹感动了学生。与此同时，膳食服务中心的后勤服务人员专门在每个食堂一楼入口处设立了“失物招领处”，食堂工作人员将学生遗忘在食堂的银行卡、校园卡、钥匙、钱包甚至手机等财务送到“失物招领处”，便于失物学生查询取回。以这些默默奉献的后勤服务人员为代表的一批人入围了“感动师大”年度校园人物评选，成为了校园“诚实守信”楷模的典范。

学校通过整合校内教育资源，延伸和拓展“两个课堂”的教育主体，将施教者、受教者、学校环境等因素融入一个有机整体，形成一个相互影响、相互联系、相互促进的生态系统，来充分发挥和提升教育效果，使受教者得到了全方位的发展。

8.2.1.3 勤于实践，营造以诚信教育为主题的和谐校园文化

学校将诚信教育视为一项系统工程，协调诸多教育主体和各类资源的密切配合，注意结合大学生特点的方式方法，在教育的基础上辅之以管理，逐步形成了“课程化建设、精品化活动、档案化管理、示范化阵地、典型化宣传”的诚信教育长效机制。

(1) 积极开展“诚信教育”宣传月，广泛弘扬诚信文化，宣讲诚信事迹，倡导契约精神。

每年五月学校都开展“诚信教育”宣传月活动，学校通过校园网、广播站、橱窗、电子显示屏等多种渠道宣传诚信教育，同时还推出了以促进学生诚实守信为主要内容的各项活动。“考试诚信——设立无人监考考场”

活动，“网络诚信——践行网络文明”活动，“缴费诚信——拒绝学费拖欠”活动，“承诺诚信——公共自行车诚信骑行”活动，“餐桌诚信——提倡‘光盘’行为”活动，等等。

各基层学院也通过举办辩论赛、书画展、舞台剧等形式多样的活动，不断丰富诚信教育活动载体，并形成了自己的特色。新闻传播学院和计算机与信息工程学院结合学科特点，举办过“诚信讲坛”活动，并发布在学校网站 VOD 上，同学们可以随时上网点播。美术与设计学院集师生所长，举办过诚信宣传画征集评选活动，获奖作品全部张贴在学校宣传橱窗中，在校园中积极营造了诚信之风，收到了良好效果。初等教育学院以大学生诚信做人为立意，结合专业特点自编自导自演的《梦回弟子规》获得天津市学校文艺展演三等奖。化学学院、生命科学学院和物理与电子信息学院联合举办过诚信口号征集活动，同学的参与率达到了 96.5%。通过初选、复选和终审评选出 12 条校园诚信口号，并在电子屏中展示。文学院和法学院联合举办过“诚信主要靠自律/他律”主题辩论赛。教育科学学院举办过“诚信书法大赛”。音乐与影视学院、美术与设计学院、体育课科学学院还陆续开办了“诚信超市”“爱心小屋”，培养学生自觉树立诚信意识。

此外，学工部依托“天津市高校辅导员培训基地”平台，在每年召开的全市辅导员思想政治教育及创新实践工作培训会上，举行“诚信教育专题讨论会”，与会各高校相关学生工作教师积极参与讨论，共同探讨并交流诚信教育工作的新思路、新方法。这些系列活动培养了大学生的诚信意识、责任意识，有效地保障和促进了校园优良学风、良好道德风尚的形成。

（2）重点打造《诚信导论》课程建设，不断提升诚信教育实施者的理论水平与学生的文化素养。

自 2011 年起，学校依托教育部大学生素质教育基地，由时任校党委副书记史瑞杰教授牵头开设了校公共选修课《大学生诚信素质培养》，现更名为《诚信导论》通识课。

该课程由校内外哲学、政治学、经济学、法学、社会学、历史等学科的专家学者为主要教学团队，就“诚信文化导论、中国传统诚信与现代社会、西方诚信与市场经济、政治人与政治诚信、经济人与商务诚信、文化人与学术诚信、大学生与校园诚信、诚信的心理运行机制、诚信的制度保障、诚信与构建和谐社会”等不同角度讲授诚信，将专业理论与诚信意识融入大学生的生活实际。

一批优秀辅导员在专家的指导下全程听课、试讲授课，同时在史瑞杰书记带领下编写该课的教材。大学生在学习过程中，提升了自身的理论素养，感受了历史与文化精髓的传承，用哲学的思想丰富了人生，更通过对法律及规则的了解约束了自身的言行，诚信意识在校园中深入人心。2013年《诚信导论》公选课作为学校首批立项建设的通识课程，受到了课程建设评审专家和广大学生的好评。两年来，学校不断推进诚信文化课程建设，新版教材《诚信导论新编》于2015年由北京大学出版社出版发行。

（3）创新建立“学生诚信银行”，实现了对大学生诚信教育管理的全员覆盖。

经过多年的实践和总结，数学科学学院作为学校的先行试点，将“诚信档案”的管理理念与银行的运作模式结合起来，建立了“学生诚信银行”。该银行巧妙运用实体银行的投资理财形式，通过模拟“商业银行”的实际运作，使学生理解个人诚信“自负盈亏”的道理，并实现了评价机制与奖惩机制相结合，收效显著。

首先，队伍建设是诚信银行的基础。诚信银行董事会由监督委员会、战略委员会、业绩考核委员会组成。监督委员会成员主要由校学生处、教务处、就业指导中心等部门老师构成；战略委员会成员主要由基层学院党委（总支）、学工办和教学办等部门老师构成。业绩考核委员会成员主要由各年级学生骨干构成。学院诚信银行总行负责日常诚信教育、管理、评价、监督和奖惩工作。此外，总行下设年级分行，分行下设班级支行，分层级运转。诚信银行设置 CEO 一名，由院学生会副主席担任，各职能部门的管理人员和分行、支行行长均由学生自愿报名，竞争上岗，被录用的人员签订聘用合同，为期半年，考核合格者继续聘用。

其次，评价机制建设是诚信银行的关键。在诚信银行运行前，学院由院党委（总支）副书记、学工办辅导员和学生会代表构成师生联合小组，共同拟定诚信银行评价体系。之后，召开各层面学生听证会，听取反馈意见，最终形成可行性强且能起到一定教育效果的评价体系。评价体系主要从“学习诚信、经济诚信、生活诚信、择业诚信”四方面考核学生的诚信度，并设有加分、减分款项。

诚信银行数据由总行办公室负责采集、汇总。学习诚信评价由基层学院教学办、学工办、各任课教师测评，每学期填写学习诚信评价记录表；经济诚信评价由学校财务处、学生处、宿舍管理中心、图书馆等部门负责，每学期填写经济诚信评价记录表；生活诚信评价通过基层学院学生会自管会、生活部反馈以及班级民主评议的方式进行，每学期填写生活诚信评价记录表；择业诚信评价由就业指导中心、院学工办、院择业协会等部门测评，每学期填写择业诚信评价记录表。学期结束时，总行向会员发送汇总对账单，进行会员资格复审、评定星级会员、兑换奖励或发放诚信警示单。

最后，奖惩机制建设是诚信银行的保障。为确保诚信教育收到良好成效，诚信银行制定了完善的奖惩细则，对星级会员每学期给予奖励和积分兑换。积分优秀的学生被授予“诚信标兵”称号；积分较低者将被发放诚信警示单，学院诚信评价中心与其约谈一次，进行诚信教育；对于取消会员资格者，学院诚信评价中心将长期与其约谈，并开展针对性教育。诚信银行评价结果将对学生党员发展、学生干部选拔、学校各类奖励评选、毕业工作推荐等内容产生影响，诚信银行星级会员会优先获得推荐机会。

诚信银行的“记录功能、反馈功能和储蓄功能”体现了诚信教育的时效性和持久性，它新颖、灵活的管理方式激发了学生的兴趣，并极大地提升了学生对诚信教育的认同度和参与度。为便于诚信银行工作的开展，数学学院还专门搭建了诚信银行网站，并充分利用网站功能，深化学生诚信教育与管理工作，实现了以下教育管理目标：

①充分利用网站的教育功能，加强核心价值观的培育。诚信银行网站的教育功能体现在：一是学生骨干在老师的带领下参与诚信银行网站建设，增进了他们对诚信文化的理解、认同和实践。二是诚信活动的报道、诚信标兵事迹的展示增强了学生对身边诚信的感知和领悟，从而内化为自身向上的力量。三是诚信银行管理细则、奖惩细则的网上公布则为学生主动学习诚信提供便捷途径，对规范他们日常行为发挥了教育引导作用。

②充分利用网站的管理功能，保障核心价值观的践行。诚信银行网站的管理功能主要体现在：记录功能、反馈功能、查询功能和统计功能。管理员随时可以将搜集到的会员诚信状况输入系统，定期通过对账单的形式向会员 QQ 邮箱发送通知，让会员及时了解自己在诚信方面的加减分款项。诚信银行会员也可以通过输入自己的学号和密码，主动查询自己的诚信状况。此外，诚信银行网站按学期统计会员诚信得分，进行排序，评定星级会员和发送警示单，这是管理育人的实际举措，是保障核心价值观践行的有效途径。

③充分利用网站的整合功能，实现日常工作的一体化。日常的学生工作是全面而又零散的。通过实践，发现诚信银行网站具有整合日常思想政治教育和管理的功能。实践中，将学生认同并签署承诺书的款项均纳入诚信银行管理系统，如考勤、考纪和宿舍管理等。此外，将诚信银行与学生综合测评挂钩，与团组织推优、学生干部选拔、班级评比等挂钩。这样做

的目的就是把培育和践行社会主义核心价值观融入到学生教育、管理和培养的全过程。

诚信银行网站设计已经初步实现了“引导—约束—反馈—激励”的诚信教育过程，它使学生自觉树立诚信意识、主动践行诚信，推动了诚信文化建设。

目前，学校正在全校范围积极推广“诚信银行”工作的优秀经验，并计划纳入学生综合测评体系，力求实现诚信教育管理机制的“执行常态化”与“覆盖全员化”。

8.2.2 拓展社会教育渠道

在构建形成了校内诚信教育生态系统的同时，天津师范大学也在思考如何调动社会和家庭教育的力量，充分挖掘学生自我教育的潜力，使诚信教育生态系统更加完善，教育实效更加显著。

（1）依托志愿服务基地，广泛开展社会实践活动。

广泛深入地开展社会实践活动既是学校“第二课堂”思想教育的主体和延伸，更是青年学生接触社会、了解社会、适应社会、接受社会教育的必要途径。

天津师范大学自20世纪80年代起积极响应团中央的号召，组织优秀大学生志愿者奔赴贫困地区开展大规模实践服务，于1986年在晋、冀、鲁交界处的燕山、太行山、沂蒙山地区开展了首次“三山行”实践活动，至今已坚持30年。以“三山行”为代表的社会实践促使青年学生了解国情、增长才干、培养品格、增强了社会责任感，并催生了一批批以知识化、专业化为代表的社会实践基地与志愿服务平台。

据统计，30年间天津师范大学先后共建立了30多个社会实践基地，平均每个基层学院都有1~2个隶属于自己并保持长期联系的实践基地。30年间，一批批天津师范大学学子“三下乡”“四进社区”、服务社会、奉献人民，脚步从未停歇。在农村、山区，他们为渴望走出大山的孩子传授现代化科学知识；在田间、地头，他们为农民兄弟推广科普农业技术；在社区、街道，他们为老年人和未成年人普及电脑应用常识；在工地、救助站，他们为社会弱势群体提供法律保障；等等。无论酷暑、严寒，青年学生们用坚毅的精神和诚实的品格驻守在实践基地的志愿服务工作中，一辈辈传承、一代代接力，一干就是三十年！三十年是一段记忆，一种坚守，一份承诺，一片真情！正是这样的品格与情感铸就了一代代师大人“勤奋严谨、自树树人、诚实守信、用于担当、学思并重、知行合一”的师大特质，更彰显了以“诚信文化教育”为代表的师大育人成果！

（2）西部支教薪火相传，用诚信与奉献放飞梦想。

甘肃省定西市巉口镇常川村距天津近2000公里，是国家级贫困地区。1998年，天津师范大学师生捐资20万元，在这里建起了一所希望学校，这是全国高师院校第一所希望学校。这所希望学校让定西与天津师范大学结下了不解之缘。从2002年起一批批学生来这里扶贫支教、薪火相传，他们带着服务西部教育事业的美丽梦想奔向西部山区，用诚实守信、艰苦奋斗的宝贵精神在这片黄土高原上耕耘、守望。从此，定西便成为他们魂牵梦萦的牵挂，成为这些有志青年梦想开始的地方。

从讲好一堂课做起，从改好一份作业做起，从辅导好一个学生做起，支教生们一头扎进了西部讲台，承担了大量的教学授课任务和综合素质课外辅导工作，平均一周的教学工作量近百课时。他们带给当地山区孩子们的不仅仅是现代化的专业知识和充满青年活力的亲切面庞，他们带给孩子们的更是一种守望大山、耕耘大山、走出大山的坚韧毅力与诚信品质！第六届支教团成员王彬为了履行对班里学生的一句承诺，利用教学之余周末的时间到学生家进行家访，他用了半年多的时间走遍了定西市安定区的每一个乡镇，并给当地学生联系了来自社会各界的资助。此后，坚持家访与筹募社会资源便成为了支教团成员约定俗成的一项额外任务，十年如一日！无论是面临缺水少粮的窘境，还是面对黄土高坡陡峭山崖的险峻，无论是竭力突破与当地学生家长沟通时产生的语言障碍，还是利用寒暑假奔走在为山区孩子募捐的社会各个角落，支教团的成员们在困难面前从未退缩，用诚信与奉献践守着自己许下的承诺。据统计，10 余年来，天津师范大学研究生支教团成员共计对 1820 名学生进行了万余次家访，共写下了 118 本家访笔记和备忘录，募集到约 70.4 万元的爱心捐款，共计对 396 个贫困学生进行了资助，募集到图书 12000 余册、文具 5000 余件、衣物 6700 余套，极大地改善了学校的办学条件，使大批西部学子从中受益。

由支教团成员组成的“西部支教宣讲团”成为了学校思想教育特别是诚信教育的重要阵地，他们宣讲的感人事迹在一代代师大学子中流传，感染并激励着每一名学生。

（3）积极搭建就业平台，助推学生体验“社会大学”。

学校紧密依托学生就业指导中心开展相关工作制度建设，在努力为学生开辟就业渠道、搭建就业平台的同时，也助推学生体验了“社会大学”，接受社会教育。

学校就业指导中心在每个假期均会要求低年级学生（大一、大二）开展职业体验，并通过学生撰写职业体验报告形式，向学校汇报职业体会，学校就业指导中心结合企业对学生在工作态度、道德品行、工作能力等方面的鉴定评奖评优；学校就业指导中心还在就业推荐信中要求基层学院专门就学生在校期间的政治表现和道德行为进行客观评述；此外，以数学科学学院“诚信银行”为先行试点，学校拟计划将“诚信银行”反馈的“诚信档案”纳入学生综合测评体系，并在毕业工作中，将档案记录纳入学生就业推荐信中，以期将学生在校期间的诚信文明行为记录对接至未来的工作单位。

与此同时，校团委每年还联合各区县企事业单位，组织选拔一批优秀的学生在假期开展“职业见习我先行”活动，为今后学生就业提供实习实践平台。这些学生在见习单位的工作中展现出了师范学子所独有的“严谨踏实、文质彬彬、诚信友善”的“师大特质”，见习单位每年都对天津师范大学的学生给予高度评价。这种“双向互动”“良性吸引”的合作氛围不仅体现了学校以诚信教育为代表的思想教育工作水平，而且为企事业单位输送合格、优质人才，为学生搭建就业平台提供了不竭动力。

在诚信教育中，学校还充分依托“继之讲堂”邀请社会知名学者、专家以及道德模范来校演讲，他们中不乏全国道德模范提名奖获得者。天津市道德模范、学校关工委老同志王辅成；天津港集团“爱岗敬业”模范孔祥瑞；校园内从事废品回收工作几十年、拾金不昧、捐资助学、“圆梦”贫困生的“老李父子”；等等。他们的优秀事迹，更作为社会力量鼓舞、推动着学校诚信教育工作的发展。

8.2.3 融合家庭教育力量

学校诚信教育工作需要依靠社会力量，更需要家庭教育力量的支持和补充。学校多年来始终坚持学校教育与家庭教育相结合、相沟通、相互补。学校在每年一度的开学典礼、毕业典礼上，均会邀请学生家长亲临典礼现场，共同感受学校育人文化，关注学校事业发展，见证学生成长成才。同时，各基层学院也会通过新生家长座谈会、学业预警机制反馈、学生奖惩通报，以及贫困生家访调研的形式与学生家长密切沟通学生在校期间的日常表现，引导和鼓励学生家长通过合理的家庭教育助推学生的成长进步。

（1）融合家庭教育力量，以“三个感”贯穿校园诚信教育的内容。

高校诚信教育应该注重和校园文化、社会发展相结合，以做到“文化塑造青年，青年创造文化”。学校将诚信教育与家庭教育相融合，将育人过程渗透到入学文化、成长文化和毕业文化中，实现诚信领人、文化育人。

①感知：入学文化。学校紧紧抓住新生入校环节，邀请新生家长一同参加开学典礼，典礼过程中由校团委书记带领全体入学新生进行“成人礼”似的入学宣誓，并由在场的家长一同见证。在隆重、庄严的宣誓仪式上，新生第一次以自觉地承诺、践诺感受了大学校园文化，并将这份责任与担当赋予自身成长的过程。在集中开展新生入学教育时，名师、导师们将家庭诚信中子女对父母赡养的感恩和敬爱、将大学生在校园生活中人际交往的诚信和学业品格上的诚信内涵及时传递给学生，用丰富的校园文化活动感染新生，为刚刚开始大学生活的新生培养人文情怀。

②感受：成长文化。针对大学生的实际情况和成长特点，学校注重引导学生学风诚信、信用诚信、网络诚信、情感诚信和师德诚信。在日常学生管理中，学校适时推出守时信用、承诺信用、缴费信用、公共场所守规信用、恋爱生活诚信以及大学生在网络生活中的诚信原则，等等。这些活动会适时邀请学生家长作为共同参与者，协助完成。同时，针对活动内容，学校也会通过问卷调查、电话随访等形式与家长进行沟通，确定最终实行方案。通过以上活动内容，使诚信话题在大学生心目中有形化、具体化、近距离化、可操作化。

③感动：毕业文化。从学生进入中高年级开始，学校以职业生涯中的组织诚信和个人诚信为宗旨，联合家庭和社会开展择业诚信、岗位责任诚信和离职诚信教育，让同学们带着感怀的心、感动的意和感恩的情走出学校、步入社会。多年来全国著名心理学家、天津师范大学资深教授、博士生导师沈德立先生在生前坚持以“学生大家长的身份”为毕业生上最后一节课，为即将走出大学校门的青年人传授为人之道、立业之德。学校就业指导中心每年出版毕业生诚信择业、就业、立业的先进事迹，激励在校大

学生增强学习的动力，明确成功方向的起点。毕业典礼上，在家长的注目下，一代代师大学子用青春与奋斗圆梦校园，用理想与承诺走向社会。

（2）召开新生家长座谈会，建立家校联动机制。

随着学校招生规模的不断扩大，特别是外省市学生人数的激增，与学生家长密切联系并建立沟通联动教育机制便成为了学校思想教育工作的重要抓手。

多年来，天津师范大学依托各基层学院形成了一个良好的传统，即在新生入学报到之际，召开新生家长座谈会，在会上向家长介绍校庆、专业建设和人才培养情况，以及学校的学籍管理和教育管理规定。学校通过家长会，第一时间与家长建立了教育联动机制，为今后促进学生接受家庭教育，与家长保持密切沟通提供了必要保障。家长也通过座谈会更深入且有针对性地对高校的育人环境、育人理念，以及育人过程有了全面了解，为今后配合学校开展教育工作提供了先决条件。

家长座谈会制度得到了学校和家长的高度认可，并在学校思想教育中发挥着不可替代的作用。

（3）与学生家长密切沟通，建立学业预警机制。

为了更好地与家长沟通学生在校期间的行为表现，特别是在专业学习和思想教育工作方面进行交流，学校还以学工部、教务处牵头，依托各基层学院建立了学生学业预警机制。

其中，对在学业上出现考试科目不及格，未取得相应学分的学生按课程数和学分数进行了预警分类；对在思想教育及日常管理中出现违纪行为，特别是对出现考试作弊，学术失信等行为的学生，也根据违纪情况进行了预警分类。

通过学业预警机制，学校及时将学生在校期间的表现与家长进行反馈和沟通，借助家庭教育的力量，协助并促进学校顺利完成对学生的教育管理，实现了“校园育人”和“家庭育人”的互动与双赢。

（4）关注家庭经济困难学生，定期开展家访调研。

除了家长座谈会与学业预警机制外，学校还号召各基层学院主动走出去，利用寒暑假的时间，定期走访家庭经济困难学生，开展家访调研。

在家访中，辅导员通过对学生家庭环境、教育背景的深入了解，以及根据学生家长对学校育人政策、育人环境、育人目标的知晓情况，有针对性地开展思想教育，效果显著。在走访过程中，辅导员们对很多品学兼优，家庭经济虽困难，但为人正直、自强不息的学生有了更加立体的了解，同时也将他们诚实守信、奋勇拼搏的优秀事迹汇集成册，并在学校内广泛宣传，成为了学校诚信教育的重要内容之一。学校教育与家庭教育的合力效果也得到了体现。

8.2.4 激发自我教育潜能

《中国普通高等学校德育大纲》明确指出：“高校德育要坚持教育与自我教育相结合的原则，要发挥教育者和受教者的两个积极性，要增强学生接受教育的主动性，并不断提高自我教育的能力。”天津师范大学多年来在学生思想教育工作，特别是诚信教育工作中注重培育学生的自我教育能力，并通过体制机制建设和方法载体拓展来不断激发学生自我教育的潜能，取得了一定实效。

（1）以“诚信银行”为载体，逐步完善体制机制建设。

在体制机制建设上，以“诚信银行”为代表的“诚信档案”管理建设工作，充分激发和调动了学生自我教育的主观能动性。“诚信银行”的管理机构由学生组织推选代表产生，其“建章立制、队伍建设、考评机制”的建立和管理均由学生全程参与完成，银行各项业务的运作、管理和监督职能也由学生按照银行条例和制度自行控制。“诚信银行”制度建立的本身就是学生自我教育的一个典型范例。这种将自我教育的能力与水平纳入学生综合测评体系的工作模式成为了实现学生自我教育的制度保障。

（2）以“诚信教育宣传月”为平台，着力开展专题教育活动。

在诚信文化建设上，学校更加注重学生自我教育的平台搭建和载体拓展。特别是近几年，学习依托“诚信教育宣传月”平台，通过开展专题教育，激发学生参与校园文化的主动性和热情，将“被动教育”转化为“主动教育”和“自我教育”。

具体来说，2014 年，校党委学工部联合校党委宣传部在天津师范大学官方微博、微信平台和“天师勤读”微博、微信平台共同发起了“我眼中的诚信”主题讨论，充分借助新媒体、自媒体的宣传优势，在全校范围内掀起“倡导诚信文明、学习诚信榜样、践行诚信文化”的热潮。新颖的宣传方式得到了学生们的高度关注和积极参与，短短一周内，各媒体平台便累计收到话题回复一千余条。主题讨论活动激发了学生对校园诚信意识养成重要性和必要性的思考与自省，学生参与度的提升，不仅为拓展诚信教育的宣传载体提供了有益尝试，又为诚信教育工作“落细、落小、落实”打好了宣传基础；2015 年，学工部面向全校学生开展了“天津师范大学学生诚信守则”征集活动，该项活动自发起后，得到了广大在校生的积极参与。学校依托各基层学院在百余份入围作品中，遴选出 32 个优秀作品进行了复选，并最终在学校知名教授、专家的指导下，以“学术诚信、考试诚信、生活诚信、交友诚信、评优诚信、经济诚信、就业诚信、网络诚信”等内容为侧重点，修改完成了“天津师范大学学生诚信守则”。该项活动充分发挥了学生在学校的主人翁意识，调动了学生自主教育、自我完善的积极性和主动性，作为该项活动的承办单位，美术与设计学院根据最终定稿的“诚信守则”内容，创作完成了系列漫画，配合守则文字内容开展广泛宣传，得到了师生的好评；2016 年，学工部以学校党委颁发的《进一步加强课堂纪律的实施办法》为契机，面向全体专兼职辅导员开展了“诚信课堂”主题教育班会设计大赛，旨在依托班会、团日、实践教学等工作载体强化班级建设，将“以抓学生课堂纪律促优良学风形成，以抓学生课堂行为规范教育促学生文明修养提升”的工作理念落实到具体的教育教学工作中。与此同时，学工部还面向全体在校生开展了“诚信文化作品征集大赛”。两项活动受到了高度关注和积极参与。辅导员以“诚信课堂”主题班会教育工作为切入点，将诚信教育工作切实融入了“实打实”的班级建设中。在“诚信文化作品”征集中，学工部共收到了来自全校24个学院的百余件作品，内容涵盖征文、戏剧表演、相声表演、微电影、微视频、海报设计等多种艺术形式，学生参与诚信校园文化建设的热情空前高涨，诚信文明意识也深入人心。

此外，“诚信课堂”主题班会讨论，“诚信靠自律还是他律”主题辩论赛，试行“无手机课堂”，开设“无人监考考场”等。这些主题活动的成功开展均反映了学生自我教育的实践创新，激发了学生自我教育的巨大潜能，更体现了学生自我教育的卓著成效。

（3）以“自强之星”为代表，发挥榜样示范教育作用。

学校在诚信教育中注重发挥榜样示范的引领作用和自我教育功能，自2010年开始，每两年均举办“自强之星”励志学子评选和优秀事迹报告会。其中，以“品学兼优、自强自立、诚实守信”为代表的励志学子将自身的优秀事迹与广大学生分享交流，使青年学生备受鼓舞和振奋，自我教育也凸显了其积极作用。此外，还有“感动师大”校园年度人物评选，学工通讯“榜样”特刊年度人物征集评选，“诚信标兵”网络评选，“师大圆梦人”评选，等等。通过举办这些活动，优秀学子的事迹广泛宣传于校园内外，使学生在感受榜样力量的同时自我激励、自我成长。

8.3 诚信教育育人效果显著

10多年来，随着诚信校园文化建设的进行，天津师范大学学生时时处在诚信浓厚的校园文化氛围中，已将诚信的价值观和社会责任观深深根植于自己的人生观中。

（1）诚信校园文化建设促进了大学生责任意识增强。

首先，学生能够坚守“人无诚不行，无信不立”的人生信条，深刻理解诚信的内涵，充分领悟“社会责任”的重要意义。其次，学生能够积极践行诚信价值观，注重将诚信的道德观融入自己日常的一言一行和生活的每件小事中，力争从现在做起，从点滴做起，要求自身“言必信，行必果”。自2011年起，在学校先后投入了50辆免费校园自行车，供在校师生免费使用。“诚信骑行”活动深受师生们的欢迎与认可，近几年来，没有一辆自行车丢失，“诚信骑行”的作用与“诚信教育”的效果得到了充分体现。自诚信教育广泛开展以来，学生的考试作弊率、学费欠缴率、贷款毕业生差还率逐年下降，2011年以来，学费欠缴率就由2008年的20%降到了1%，贷款欠还率也降低了20%。同时，学生中还涌现出了冰河救人的乔林，勇斗歹徒的米亚楠、齐悦，救助外国友人的陈楠楠，校青年志愿者协会被授予“天津市十大杰出青年志愿服务集体”称号和“全国高校优秀学生社团”称号等。

（2）大学生诚信教育推动诚信校园文化风尚的构建。

学校的诚信教育已从过去单一的宣传教育模式逐步发展为“多层化、全员化、生态化”的立体教育模式，受教者和施教者的参与广度与深度也在逐年提高，并形成了具有特色的校园文化风尚。由学校关工委老同志组成的“践行社会主义核心价值观”宣讲团，每年均开设专题报告 20 多场，近三万人次学生聆听过老同志的报告，其中，学校关工委副主任，天津市第三届道德模范、全国第四届道德模范提名奖获得者王辅成老师更是身体力行，10 余年来，他主讲的以“诚实守信”“树立正确三观”等为主题的报告内容精彩，场场爆满。

《诚信导论》通识课开课至今，课堂平均出勤率高于 98%，这一客观实际便验证了诚信教育的良好效果。每年诚信教育宣传月期间，各基层学院精心组织策划系列教育活动，并将活动巧妙融入到“学术诚信”“考试诚信”“网络诚信”“就业诚信”“生活诚信”等各个方面。

从诚信教育活动的策划、开展到总结的实践证明，在对大学生开展诚信教育的过程中，从实施主体到受教育者，都是一次精神的洗礼、情感的升华和心灵的净化。诚信文化成为天津师范大学校园文化的引领，成为天津师范大学精神凝聚的基础，成为天津师范大学人干事创业的精气神。

（3）诚信校园文化建设获得了社会文化的良好评价。

学校紧密结合各学科特点，开展诚信教育系列活动。在对主题要求、对象特点、目标效果和实际情况进行认真分析的基础上精心策划和设计出来的，既充分考虑了单个活动的针对性，又全面权衡了整个系列活动载体的系统性、丰富性、完整性和有效性。10 多年来，诚信教育培育的文明之果已盛开在学校精神文明建设、校园文化体系建设的方方面面。不胜枚举的荣誉犹如一簇簇火花、一个个亮点，让身处天津师范大学校园的莘莘学子倍感荣耀。

作为一个拥有优良传统和淳朴校风的师范大学，高质量的教师教育课程既是学校的办学特色，更是学校培养新世纪人民教师、树立“职业诚信观”的平台。近 20 年来，天津市基础教育领域中，重要岗位上的教育管理人才有90%来自天津师范大学。这些优秀教师诠释了为人师表、诚实守信的职业道德，更描绘了天津市基础教育的美好未来!

8.4 诚信教育生态系统建设的启示与思考

诚信教育是当前时期高校思想教育的核心内容。引导青年学生培养诚信意识、树立诚信观念、创造诚信价值、践行诚信行为，已成为高校迫切需要解决的问题。但在一般性的思想教育活动中，很多高校容易将工作“流于表面，流于形式”，难以形成紧密的环环相扣的工作链条，更难以开展可持续的“生态建设”，因此，如何将诚信教育真正地“做深、做细、做实”，如何将诚信思想切实内化到学生的意识当中，并自觉践行诚信行为，是该项工作的重点和难点。

天津师范大学20多年来在开展诚信教育工作中的实践与探索给了教育工作者诸多启示。特别是在“德育一体化”工作原则指导下探索形成的诚信教育长效机制区别于以往单纯、单一的制度建设，而是将理论指导、活动依托、制度建设、阵地拓展、宣传引领等全方位的内容贯穿于学生思想教育的全过程，并在学校教育的主体模式下，融入了社会教育、家庭教育和学生自我教育，构建了对学生“四位一体”的诚信教育生态系统，使原本单薄的思想教育活动变成了“内容翔实、有血有肉”的特色工作。其中，体现的“四个坚持”也为其他思想教育工作的“生态建设”提供了启示和范例:

（1）坚持联动协作。

依靠学校相关部门的力量，依靠各层面教师队伍的力量，依靠社会和家庭教育的力量，相互配合，联动联调，为教育活动提供支持。

（2）坚持理论指导。

通过理论研究和课程建设，将诚信教育的必要性和重要性引向纵深，并支持具体实践教育活动的开展。

（3）坚持典型宣传。

依托长期教育、专题教育、线上教育、典型教育等多种教育形式广泛宣传，营造全员思考、全员实践的浓厚氛围。

（4）坚持模式创新。

鼓励基层学院依托自身专业特色，创新开展教育模式，通过建立特色教育机制，巩固和深化教育成果，并最终实现学生自我教育、自我完善、自我提升的教育目标。

诚信教育必将是人类道德文明建设的永恒主题，更是高校思想教育工作的长期课题。天津师范大学几十年的育人文化积淀和精神传承，已将“勤奋严谨，自树树人”的校训，内化为天津师范大学学子学习和做人的准则。“以诚自树、以信树人”，这些闪现青春光芒的有志青年是21世纪胸怀祖国、服务人民的优秀大学生的缩影，他们更是天津师范大学文化育人结出的累累硕果，正因为有了他们的渲染，才彰显出如此绚丽多娇的魅力天津师范大学。

9

构建大学生诚信教育生态系统的对策建议

大学生作为我国社会主义经济建设的中坚力量，肩负着实现中国梦的历史使命，大学生的诚信状况对健全社会主义市场经济体系、建设和谐社会和实现全面小康社会具有巨大而深远的影响。因此，构建大学生诚信教育生态系统显得尤为紧迫，从顶层设计到实施战略重点再到具体的构建措施，都应制定详细、符合实际的规划。

9.1 顶层设计

大学生诚信教育生态系统顶层设计是运用系统论的方法，从全局的角度，对大学生诚信教育生态的各方面、各层次、各要素统筹规划，以集中有效资源，高效地实现目标。

9.1.1 原则

（1）全局性。

全局性是顶层设计的主要要求。具体而言，大学生诚信教育生态系统的顶层设计要综合考虑大学生诚信的基本现状以及社会、学校、家庭和自我诚信教育的发展现状，要满足国家相关法律法规的要求。

（2）实用性。

顶层设计对具体制度的设计指明了方向，是制度设计的最高级别。它是根据实践来设计的，但又能指导实践，并能针对构建大学生诚信教育生态系统过程中出现的问题，指明解决的方向，保障各项工作的完成。

（3）适应性。

制度具有相对稳定的特点，但社会发展是永恒的。为使大学生诚信教育生态系统能适应社会的变化，要在制度体系顶层设计中，考虑其对经济、社会、文化、政治等宏观环境的适应性。当社会经济形势发生改变时，要适时对顶层设计的目标、实施的具体制度等方面做出调整。

（4）主体性。

诚信教育生态系统构建的最终落脚点是引导大学生自身的诚信自律与诚信行为。在大学生诚信教育生态系统构建过程中，要充分尊重大学生的主体地位，引导大学生在主观上认同诚信理念与诚信价值，积极主动地参与诚信教育活动，把外在的教育灌输、制度约束转变为大学生自身的内在需求。

9.1.2 内容

9.1.2.1 层次设计

顶层设计是从上而下的层次性。根据具体的政策制度在诚信教育生态系统中的效力不同进行层次设计，如图 9-1 所示。

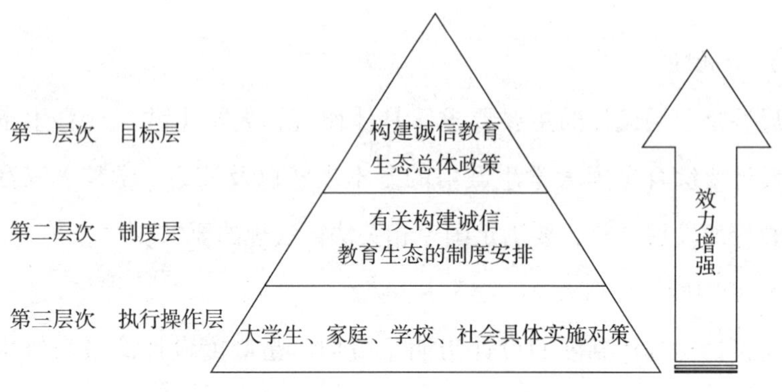

图 9-1 层次设计图

资料来源：笔者根据相关资料整理。

第一层次是目标层，为大学生诚信教育生态系统的最上层制度设计，即政府构建大学生诚信教育生态系统的总体政策。它是制度体系中效力最强的部分，需要强制执行。

第二层次是制度层，为大学生诚信教育生态系统构建过程中社会、家庭、学校和大学生自身以及四者之间联动相关的具体机制或制度安排。其效力层次仅低于大学生诚信教育生态系统的总体政策，也需要强制执行。

第三层次是执行操作层，为大学生诚信教育生态系统构建过程中社会、家庭、学校、大学生自身具体的实施方法、规范等相关事宜。其效力层次低于第二层次，在无特殊影响因素的情况下应遵照执行。

制度层作为承上启下的关键层，既能保障目标的实现，又能对具体的执行政策进行指导。制度是影响大学生诚信教育生态系统构建的重要因素，合理的制度安排可以促进社会、家庭、学校和大学生自身四者之间在大学生诚信教育过程中的良性互动，最终实现大学生自身内在形成对诚信的道德认同、外在表现出诚信言行的目的。

9.1.2.2 内容设计

在上述层次设计的基础上，对制度体系的具体内容设计应合理安排，主要体现在以下几个方面：

（1）目标层面。

大学生诚信教育生态系统的构建要以科学发展观为指导，遵循人性化原则，建立起社会信用基础性法律法规和标准体系，建成以信用信息资源共享为基础的覆盖全社会的征信系统，健全大学生信用监管体制以及守信激励和失信惩戒机制，等等，并在此过程中不断纠正大学生的失信言行，强化大学生对诚信的内在认同和持续的诚信行为。

（2）制度层面。

制度层面的设计主要包括以下方面的内容：

一是褒扬和激励诚信行为机制。多渠道树诚信典型，鼓励有关部门和社会组织联合实施守信激励，让大学生争做诚信模范。在教育、择业、创业、社会保障等领域对诚信个人给予重点支持和优先便利。

二是约束和惩戒失信行为机制。对大学生严重危害人民群众身体健康和生命安全的行为，危害国防利益，破坏国防设施等重点领域和严重失信行为实施联合惩戒。依法依规加强对大学生失信行为的行政性约束和惩戒。对严重失信主体，依法依规采取行政性约束和惩戒措施。加强对失信行为的市场性约束和惩戒。对严重失信主体，有关部门和机构应及时公开披露相关信息，防范信用风险。支持征信机构采集严重失信行为信息，纳入信用记录和信用报告。

三是守信联合激励和失信联合惩戒的协同机制。建立触发反馈机制、建立健全信用信息公示机制、建立健全信用信息归集共享和使用机制、规范信用红黑名单制度、建立激励和惩戒措施清单制度、建立健全信用修复机制、建立健全信用主体权益保护机制、建立跟踪问效机制等。

（3）执行操作层面。

执行操作层面的内容设计可以从以下几个主要方面考虑：

一是大学生自我约束机制。大学生自我树立诚信道德观念，培养诚信品质言行。自身在较强的外在约束、规范以及良好校园环境的熏陶下，树立正确的世界观、价值观和人生观，不断提高自我修养和觉悟，提高“自律”意识。

二是家校联动机制。一方面学校及时将学生的道德品行表现反馈给家长，使其根据学生的思想道德实际来展开教育，同时学校通过家长了解学生在校外的思想道德品行以加强校内管教；另一方面家长主动与学校沟通，及时了解学生在校行为表现以展开有针对性的诚信教育。家校联动以保持学生接受诚信教育的连贯性和一致性。

三是社校联动机制。学校要根据诚信的社会风尚树立诚信教育理念，同时根据社会经济的发展，不断丰富诚信教育的方法和内容，坚持诚信教育的整体性与时限连续性的统一，把诚信教育贯彻到大学生学习生活的方方面面。除此之外，社会和学校诚信教育的联动还需建立起一套完整的从学校到社会的诚信档案、诚信评价体系及诚信奖惩制度，把大学生的诚信记录延伸到就业单位，甚至与社会征信系统实现全面对接。

9.1.3 实施

（1）建立实施规划。

政府在构建大学生诚信教育生态系统过程中，应综合考虑大学生自身心理、生理特点、家庭和学校诚信教育的现状以及社会信用体系建设情况等多方面因素，确定各方面的实施内容和实施步骤。

（2）成立实施机构。

机构是完成规划的组织保证，政府应成立专门机构、指定专门人员负责体系的顶层设计和具体实施，协调各部门的工作并对实施进程进行实时监督；高等院校要设立具体部门，负责本校诚信教育的设计与具体实施。

（3）整体设计、分步推进。

顶层设计是整体性、全局性的，但其实施却未必强调“一步到位”。可根据各项具体工作在体系建立中需要的缓急程度，优先完成急需工作，在一定时期内分步完成整个体系的构建。

（4）相对稳定、实时更新。

进行顶层设计的模式体系因其内容完整、全面而具有稳定性，但这种稳定性是相对的，随着模式内外环境的变化，政府主管部门需要对个别或部分制度进行实时修订。

9.2 构建思路

9.2.1 坚持以人为本、教育为先

诚信教育的最终目的是使得大学生自身内在形成对诚信道德的认同，外在表现出诚信言行。因而在构建大学生诚信教育生态系统的过程中，应把培育诚信价值观念作为长期的主要任务。要坚持以人为本、德育为主的教育观念。

9.2.2 坚持制度保障、规范约束

制度建设是构建大学生诚信教育生态系统的重中之重。把推进征信系统全覆盖作为重要基础，着力推进大学生信用信息公示机制、信用信息归集共享和使用机制、信用修复机制、信用主体权益保护机制、跟踪问效机制等。

9.2.3 坚持德法并举、刚柔相济

对于大学生的诚信教育，要把道德教化与依法惩戒作为有效手段。一方面要通过诚信道德的宣扬和熏陶使大学生强化内在的道德“自律”，另一方面还应依托法律制度“他律”来规范诚信以削弱其失信言行的内在动因。

9.2.4 坚持问题导向、集中治理

大学生诚信教育生态系统的构建要力求在治理重点领域、解决突出问

题上求突破，在激励守信、惩戒失信上见实效，使全体大学生诚信意识普遍增强，诚信风尚日渐形成，诚信社会愈益健全。

9.3 战略重点

9.3.1 引导大学生自身“自律”行为

根据查尔斯·扎斯特罗的生态系统观，微观系统是涉及生理的、心理的和社会的个人系统类型。个体的心理与生理等因素影响个体的行为，对大学生而言，心理因素对其言行的影响最为突出。因此，要充分发挥大学生自身的主观能动性，引导其树立诚信观念，践行诚信言行。要做到诚信的知行合一，首先就要树立起诚信的道德观念。大学生要积极主动地树立正确的世界观、价值观和人生观，不断提高自我修养和觉悟，提高“自律”意识，把诚信作为为人处世的基本理念和准则。同时，大学生应在树立诚信观念的基础上自觉践行诚信，主动接受诚信教育，不断提高自身诚信道德的选择与实践能力，并在实践中培养诚实守信的习惯和品质，自觉抵御不良社会风气的侵蚀。

9.3.2 优化家庭诚信教育的基础地位

生态系统理论认为人的行为受其生活的中小群体环境的影响，该中小群体环境（中观系统）包括家庭、学校、职业群体以及其他的社会群体机构等。在日常生活中，大学生接触的中小群体环境以家庭和学校为主。家庭是最基本的社会单位，是诚信教育的基础环境。其具有的血缘亲情和天然亲和力，会对大学生诚信教育产生潜移默化的影响，最易塑造大学生诚信认同和诚信品质。只有家庭形成诚信风尚，个体接受诚信观念的熏陶，才能优化大学生诚信教育生态。在家庭的诚信教育中，家长首先要以身作则，树立诚信观念，践行诚信言行，同时还要加强对子女的诚信教育。

9.3.3 强化学校诚信教育的主导作用

高等院校是大学生学习和生活的生态环境，也是进行诚信教育的主要阵地，其教育信息的多样性、组织形式的丰富化、内容的多元化系统化使诚信教育更易开展。高等院校诚信教育要以树立诚信教育理念为灵魂，改变传统的重智轻德、重理论轻实践的教育观念；以完善诚信教育制度为先导，不断完善大学生诚信档案制度、诚信奖惩及诚信监督制度等诚信管理机制；以拓展诚信教育途径为重点，发挥课堂主阵地作用，同时充分利用校园媒体进行诚信宣传；以丰富诚信教育内容为补充，紧跟时代潮流，丰富大学生关于学业、交往、经济以及择业方面的诚信教育内容，坚持高等院校诚信教育生态系统的整体性与时限连续性的统一。

9.3.4 深化社会诚信教育的保障机制

相对影响大学生诚信行为的中观系统而言，生态系统理论中的宏观系统是一个规模更大的社会群体环境。大学生个体的行为，中观系统中学校及家庭的行为都会受到整个社会系统因素中政治、经济、文化、体制等多个方面的影响。生态系统视角下，大学生诚信教育生态系统的形成和演进离不开良好社会环境的营造。一方面，要打造诚信道德的社会风尚。良好的社会风尚会对大学生个体的成长与发展产生直接的正效应。全社会将树立诚信观念、践行诚信行为奉为圭臬，可以使大学生时刻接受诚信理念的熏陶。寓教于行的诚信教育使得诚信意识根植于大学生的灵魂深处，使其将诚信内化为本能行动。另一方面，要对大学生的行为进行规范、引导、监督、约束甚至惩戒，以强化社会诚信教育的保障机制。对于大学生的诚信教育，不仅要通过诚信道德的宣扬和熏陶使大学生强化内在的道德“自律”，还应依托法律和制度的“他律”来规范诚信以削弱其失信言行的内在动因。

9.4 对策建议

9.4.1 增强诚实守信意识，培养诚信道德自律

大学生要做到诚信的知行合一，首先就要增强诚信意识，树立起诚信道德观念，树立正确的世界观、价值观和人生观，不断提高自我修养和觉悟，提高“自律”意识，把诚信作为为人处世的基本理念和准则。

(1) 树立正确三观，善于明辨是非。

我国正处于向社会主义市场经济转轨的时期，市场经济的趋利性，加之与市场经济体制相适应的法律体系和信用体系建设的相对滞后，导致了大量失信行为的发生。在这种社会背景下，要求大学生树立正确的世界观、价值观和人生观，在是非面前保持清醒的头脑，善于决断选择，杜绝在私欲面前突破诚信底线。一是要认真学习文化知识，提高自身的学习能力和文化内涵；二是要用辩证唯物主义和历史唯物主义的方法认识和解决问题；三是要以马克思主义世界观为标准，不断检视自身的思想和行为，进行必要的批评与自我批评。世界正在发生着深刻变化，面对信息时代各种思潮的相互激荡，面对纷繁多变、鱼龙混杂、泥沙俱下的社会现实，面对学业、

情感、职业选择等多方面的考量，大学生只有树立正确的三观，作出正确的判断和抉择，才能从容自信地沿着正确的人生轨道前进，实现人生价值。树立高尚的人生目标，努力让自己成为一个对社会负责的有用之才。

（2）强化诚信意识，塑造诚信品德。

牢固树立和自觉践行社会主义核心价值观，不断强化诚信意识，把诚信要求内化为诚信品质，塑造诚信品德。诚信是中华民族的优良传统，一是要通过对典籍、典故的学习，了解诚信文化的渊源，强化“诚信”的文化认同。二是通过听取他人传授、效法道德榜样、走访参观、反思社会生活等形式，全面了解什么是诚信，什么样的行为是诚信行为，明白为什么要做一个合乎诚信道德的人，从而树立生活的标杆。三是要学会在与道德典范对比中认识自我，既要认识自身的缺点并予以改正，又要认识自身的优点以发扬光大。勇于自我剖析和改正错误是塑造诚信品德的重要环节。四是要自重、自警、自励，通过诚信交往、诚信劳动、诚信做事，把诚信原则通过自己的实际行动逐步内化为具有自我约束能力的完善内在信念。

（3）接受诚信教育，履行诚信义务。

大学生应该端正学习态度，主动接受诚信教育，增强对诚信自律的认识能力和感受能力，把诚信道德规范内化为自我要求，履行诚信义务。一是加强对中国传统诚信文化的认同，批判性地继承和创造性地转换应用中国传统文化，促进具有时代精神、体现民族特色的中国传统文化精髓的形成，学习和领会中国传统文化的精髓，使自身的人格在中国传统文化的精神宝库中不断地健全和完善；二是服从家长、老师的管理，配合学校的诚信教育工作，积极参加学校组织的诚信教育活动，在活动中提高对诚信的认知，在实践中加深对诚信的理解；三是在讲诚信、服从管理过程中对自己的日常行为进行自我监督、自我管理和自我教育，自主增强对诚信的感悟和理念，使教育和管理的他律作用主动地转为内在自觉的需要和自律的作用，让诚信真正扎根于内心；四是不但要做到独立思考，不信谣、不传谣，还要有责任地发表和引导正确的舆论，培养自身的社会责任感和使命感，发挥自身的主观能动性。

（4）培养诚信习惯，做到知行合一。

培养大学生的慎独精神，在独处中谨慎不苟，空缺时守住诚信。自觉养成文明礼貌、友善宽容等基本生活习惯，践行诚实守信，做到知行合一。一是学习上，刻苦努力，求真务实，坚决做到上课不迟到、考试不作弊、作业不抄袭，用知识武装自己的头脑，着眼于对问题的理论思考和实际操作，做到理论与实际、主观与客观的统一，不断提高政治敏锐性和鉴别能力；二是生活中，时刻以严格标准要求自己，按照公民诚信规范为人处世，体现新时代大学生素质，踏实做事，坦诚做人，通过不断的实践来践行自己的诚信信仰；三是社会交往中，人而无信不知其可，诚信是社会交往的基石，要做到“真诚不伪，诚信不欺，精诚不忘，推己及人”，建立长期良好的社交关系；四是择业中，遵守择业诚信，如实汇报个人情况，不虚报成绩，不伪造经历，通过实力应聘职位，树立诚信大学生形象；五是在网络上，不信谣，不传谣，不欺骗，不诽谤，在网络上发布信息做到真实和公正，与人交往、经济往来坚持诚信行为，比现实世界里更要做到慎独自律。此外，大学生群体要发挥自身的监督职能，相互提醒、相互监督，欣赏他人的长处，指明他人的短处，改正自身的不足。

9.4.2 塑造家庭诚信风尚，树立诚实守信榜样

家庭是最基本的社会单位，是诚信教育的基础环境，其具有的血缘亲情和天然亲和力会对大学生诚信教育产生潜移默化的影响。家长要树立诚信观念，以身作则践行诚信，为大学生做好诚实守信的榜样。只有塑造起家庭的诚信风尚，大学生才能接受诚信观念的熏陶，强化对诚信的道德

认同。

（1）树立诚实守信观念。

家长的思想价值观念对于子女的世界观、价值观和人生观的形成有着至关重要的影响，家长是否有诚信的观念在某种程度上决定了子女是否有诚信的言行。部分家长虽然口头上注重子女的诚信教育，但是自身并没有树立起诚信的道德观念，这种不正确的示范效应对于子女诚信观念的形成极为不利，尤其是无法使子女形成对诚信的内在认同。在家庭的诚信教育中，家长自身首先要树立诚实守信的价值观念，并在此指导下强化整个家庭的诚信观念，如此才能真正达到对子女进行诚信教育的目的。

（2）优化家庭人际支持系统。

家庭人际支持系统是指来自家属、朋友、社会团体的支持与帮助的内容、方式的总和。优化家庭人际支持系统就是培养家庭成员养成良好的思维方式，树立敬业爱岗的工作作风，培养热爱生活的乐观态度等。良好的家庭人际支持系统对子女的学业和诚信道德品质的修养有着重要的影响。把与邻里朋友和睦相处、以诚相待作为优化家庭人际支持系统的重要内容，有利于子女自觉遵纪守法，对人友好和善，养成诚实守信的优秀品德。一方面，家庭要改变传统的“差序格局”伦理道德观念，淡化过去的等级观念和家族观念，形成对家族内外成员一视同仁，构建现代健康的家庭诚信关系。另一方面，家长要身先士卒，对邻里和朋友以诚相待、助人为乐，形成良好的家风，让子女从小感受到诚实守信的家风家教。

（3）以身作则践行诚信。

父母是子女的第一任老师，子女的诚信教育离不开家庭的示范和辅助，家长的教育方式、教育倾向、兴趣爱好以及文化程度等都时刻影响着子女的言行和成长发展。在家庭环境中，家长需要不断提高自身的道德修养，在与子女的相处中，做到言行一致、表里如一，不以哄骗方式说服教导孩子，率先为子女树立良好的榜样，成为子女效仿学习的对象和价值判断的优秀标准。同时家长对邻里和朋友以诚相待、助人为乐，营造诚信的氛围，形成良好的家风。

9.4.3 强化诚信教育理念，完善诚信教育制度

高等院校是大学生诚信教育的主阵地，也是构建大学生诚信教育生态系统的核心。高等院校诚信教育要以树立诚信教育理念为灵魂，以完善诚信教育制度为先导，坚持德智并重、以人为本、理论与实践相结合的教育理念，建立诚信教育连续性机制，完善大学生诚信管理机制。

(1) 树立“德智并重”的教育理念。

高等院校旨在培养全方面高素质的新型人才，为社会进步和经济发展输送源源不断的生力军。但是高等院校教育客观上明显存在“急功近利”，“教”“育”相脱节倾向，其在培养高技能专业人才的同时，忽视了对人才思想道德方面的培养，尤其对学生诚信道德的重视还不够。存在课程设置上智育课比例更高；评奖评优机制中课程考试成绩权重更大等现象。诚信教育，理念先行。在教育内容方面，改变“重智轻德”的传统教育理念，树立“德智并重”的新理念是强化学校诚信教育主导作用的题中应有之义。

(2) 坚持“以人为本”的教育精神。

借助人文精神教育，提高大学生诚信素质，树立“以人为本”的诚信道德教育理念，是实现大学生诚信道德规范建设的必要内在阶段。诚信需要最终实现道德主体的内在认同，需要大学生形成内在的诚信自律。任何外在的约束和手段都无法使人发自内心地接受和维护道德规范，只有通过人文素养的熏陶和心性修养的建设，在大学生中间构建起稳固的精神道德、知识能力和综合素质三位一体的人文诚信价值导向，才能使诚实守信成为大学生的自觉选择。通过加强人文知识教育，培养大学生的高尚品格和自

律意识，将“以人为本”的诚信价值观导向融入到文化素质教育中。传统的教育都是以认知教育为主、情感教育为辅，以至于人文教育流于简单化、表面化和形式化，导致对传统美德的理解偏颇。所以，要加强情感教育在大学文化素质教育中的比重，尤其是要突出社会主义核心价值观的教育内容，使大学生树立科学、正确的诚信观，以诚实守信为荣，以背信弃义为耻，做一个诚实守信的人。

（3）坚持诚信教育理论与实践相结合。

当前诚信教育多流于理论，而缺乏实践。虽然学校出台了众多学生守则、学生纪律规章制度，设立了诚信道德窗口平台等，也颁布了相应的完整的流程体系和操作步骤，但是很多时候只是起到警醒作用，当师生出现违规违纪等行为，校方很少甚至不会按规定的章程条款给予落实处罚。在教育体制方面，改变“纸上谈兵”的思维惯式，树立“令行禁止”的工作作风是强化诚信教育理念的必然要求。此外，由于校企合作机制的不健全，导致大学生实践基地匮乏，而且多数大学生实践基地流于形式，未发挥应有的作用。由于安全方面的考虑，不少高等院校的诚信教育实践仅仅安排在校园内，与社会脱节严重。因此，高等院校要在坚持诚信理论教育的基础上，加强大学生诚信实践。一是利用第二课堂，开展丰富的诚信实践活动，如诚信辩论赛、诚信月活动；二是利用高等院校内的社团组织，开展丰富的诚信实践活动；三是利用专业实习、课程实习、毕业实习等实践环节，开展诚信实践活动。

（4）建立诚信教育连续性机制。

大学生个体诚信人格的生成也是一个不断发展的过程，通过一次指导或几次讲授无法使其诚信品行发生全面或根本性变化。要坚持诚信教育的连续性与阶段性的统一。一是高等院校对大学生诚信教育要与中学的诚信教育相勾连，延续某些共性方面的同时，还应考虑大学生新的生理和心理及社会交往的特点，重点加强恋爱交往的诚信、经济诚信及求职择业诚信的教育。二是整个高等院校诚信教育应贯彻到从入学到择业的全过程，使诚信观念、言行伴随大学生从幼稚走向成熟的人生历程。三是大学生诚信档案延伸到用人单位，甚至与社会征信系统实现全面对接。

（5）健全诚信管理机制。

一是建立诚信档案制度。通过建立诚信档案对大学生及时考查诚信意识和诚信行为，做到信息的及时反馈，以便高等院校及时调整教育手段、教育方法以及教育内容，同时让学生带着诚信档案走向工作岗位，有助于用人单位全方位、真实地考查大学生素质，也有利于建立全社会信用体系。从大学生入学到毕业，针对每名在校生建立一套诚信资料，包括个人基本情况、考试诚信表现、在校奖惩情况、品行评议、贷款信用记录、社会公德遵守情况等，以文字、影像、图表等不同形式记录下来。同时，引入科学的方法和数据统计进行诚信档案管理，便于大学生诚信档案的收集、记录、查阅、共享保密，各高等院校建立标准统一、规范归档的诚信档案电子管理系统，将诚信档案与学校信息系统联网，做到真实、完整、准确的诚信信息披露，使诚信档案管理工作有据可依、有凭可查，既方便本人、学校、用人单位、银行等信用信息使用部门的调阅和监控，又保证与社会征信系统对接。同时加强诚信档案披露的内容、程序、责任以及惩处等方面的制度建设，防止篡改作假。

二是完善诚信奖惩制度。“信赏以劝能，刑罚以惩恶。”只有做到有功必赏，才能激励能干的人努力工作；做到有罪必罚，才能惩戒罪恶的人不敢恣意妄为。一方面，在高等院校中坚持奖励和惩处相结合，对诚实守信、宽诚待人、以信取人的正面形象予以奖励和表彰，对典型人物事迹利用媒体、微信等平台广泛宣传，创设良好的舆论环境，树立大学生诚信典型榜样，弘扬“诚信光荣”的价值理念，通过舆论环境的“正反馈”强化学生内心对失信行为的良心谴责和道德亏欠，使守信个体通过舆论褒奖产生满足感。采用精神和物质相结合的奖励制度，依靠诚信档案，对突出的诚信典例人物在入党、评优、竞聘班委、择业等方面优先推荐，使遵守诚信的褒奖真正惠及大学生的学习、生活、经济等方面，形成“人人守信”的学校诚信氛围。另一方面，需要对大学生失信行为进行打击和惩戒，划分诚信行为红线，明确大学生失信行为的认定标准、处罚制度，将考试作弊、学术不端、拖贷不还、网络行为失范等失信行为与升学评优、择业、商业信贷等联系对接，使失信者一处失信、处处牵制，同时针对不同程度的“失信”情节，分级制定惩罚措施，从谈话批评、通报记过到经济处罚、校级处分以至法律制裁。引导大学生常思不诚之害、常弃不信之念，不断强化诚信认知、培育诚信品质，促进大学生自觉把诚信认识内化为诚信品质，始终做到“言必信、行必果”。

三是完善诚信监督机制。良好诚信教育生态系统的构建，既需要大学生的自律，也需要外在的监管与督促。形成校级、院级以及各行政部门联动的监督组织，从招生办、学生处、校团委、财务处、教务处、就业指导中心、宣传处等部门抽调成员组成诚信监督小组，秉承公正公平的态度统筹协调在校大学生的诚信监督与管理工作。完善公示、检举、科研、考试等诚信信息披露制度，对学生作业抄袭、学术不端、考试作弊重点监督，同时倡导学生自我监督、同学相互监督、教师着重监督、社会监督，形成各方合力，慎防、杜绝失信行为。

9.4.4 拓展诚信教育途径，丰富诚信教育内容

高等院校应在树立诚信教育理念和完善诚信教育制度的基础上，不断探索新的诚信教育的有效途径，并随着社会经济的发展，丰富诚信教育内容，体现时代精神的新内涵。

（1）拓展诚信教育途径。

以往的传统教育中，受实用主义和功利主义的影响，往往采用单向灌输、伦理说教的诚信教育方式，缺乏感染力、生动性与针对性。应该逐步转变重智轻德、重理论轻实践的教育方式，做到动静结合、内外协调，知、情、意、行有机统一，使诚信观教育达到“润物无声”的效果[①]。通过课堂引导、校园文化、课外实践等多种形式的教育活动培养大学生自主、自觉的诚信意识，结合社会诚信教育背景，让诚信教育走出校园，走向社会，积极宣传和实践诚信行为，使助人者得到褒奖、受助者感到愉悦和鼓舞，让大学生充分体验诚实守信的重要性和社会责任，化被动接受为主动参与，激发学生对诚信的道德认同感，从心理上强化其遵守诚信的信念和意愿，实现由“要我诚信”的外界约束到“我要诚信”的自律转变，形成一种明礼诚信、爱心奉献、互帮互助的校园诚信氛围。

一是发挥课堂的主阵地作用。课堂是实施教育的主要场所。课堂教育能在有限的时间内，将丰富的知识高度概括地、系统地传递给学生。思想政治理论课和德育课是实施诚信教育的主要渠道。在思想政治理论课教学过程中，要重点加强诚实守信的教育内容，强化大学生的诚信意识。在思想政治理论课程建设中，要针对大学生的思想特点，紧密联系大学生生活实际和社会实际，积极改进教学内容和教学方法，充分挖掘蕴含在各门课程中的丰富的思想道德教育资源，从理论与实际的结合上对学生进行诚信教育，使之真正入耳、入脑、入心，帮助他们充分认识诚实守信对自己成长的意义，并内化成自己的道德行为。教师在教学过程中要善于抓住时机，结合教学内容，将诚信教育有机地渗透到教育教学活动之中，寓诚信人物、典型事例于课堂教学之中，培养大学生的诚信品质和行为习惯。

---

① 王广飞．“90后”大学生诚信观教育现状与应对策略［J］．黑龙江高教研究，2010（10）：121-123.

二是开展多样化诚信实践活动。将诚信教育纳入校风、校训、校歌等校园文化建设，要将诚信落实到教育、管理、服务等各个环节[①]，通过条幅签名、演讲比赛、道德讲座、摄影展览、主题班会、知识竞赛等形式让学生亲身参与诚信文化活动，使诚信道德教育贯穿校园文化生活，激发学生积极向上的正面情绪，营造良好的诚信校园生态。组织学生参加寒暑实践，在活动中传播和体验诚信文化，组织大学生利用课余参观诚信名人故居和文化场馆，培育诚信文化情怀，在实践中体会理论意义与实践的区别，消化吸收纳为已用，把诚信看作人格中不可或缺的境界去追求，从而达到一种内在的道德自觉[②]。

三是发挥校园媒介的舆论导向作用。现代社会生活中，媒介能对人们的思想观念和生活方式产生巨大影响，媒体的大力宣传和社会舆论的正面引导无疑对形成良好的诚信社会氛围起到重大作用。通过对诚信道德的正面宣传，能营造讲诚信、守诚信的校园氛围，从而塑造大学生的诚信品质。学校在诚信教育中应充分利用广播电台、电视台、校园网等现代化手段进行有针对性的宣传教育活动。在对诚信内涵、意义等理论方面进行宣传的同时，要特别注重舆论导向的作用，要用科学的理论和正确的舆论导向占领媒体阵地。弘扬真、善、美，鞭挞假、恶、丑，肯定、表扬恪守诚信者，谴责、批判不守诚信者。

四是强化教师的榜样作用。教师要以为人师表、品德高尚的诚信形象取信学生，在授课、讲座等教学日常活动安排上不迟到早退，不随意调课请假，不搞科研作假和学术抄袭，以信立教，在学生中树立以身作则、严谨守信的良好诚信榜样。同时也要加强教师自身的诚信道德教育和学习，提高自我道德修养，树立正确的世界观、价值观和人生观，以优秀、职业

① 鞠永熙．“90后”大学生诚信现状与教育的现代性维度反思［J］．学校党建与思想教育，2011（33）：16-17.

② 苏小匀．论当代大学生诚信教育体系的构建［D］．长春：东北师范大学，2008.

的工作作风垂范学生。

（2）丰富诚信教育内容。

“诚实守信”是中华民族传统美德的一个重要规范和内容。但是随着时代的不断发展和变化，“诚实守信”的内容和具体要求也在不断丰富。高等院校的诚信教育中，诚信教育的内容也应随着社会发展而体现时代精神的新内涵。

一是丰富学习诚信教育内容。学生的主要任务是学习，而学生在学习方面的失信一般有作弊、抄作业、剽窃学术成果等现象。但是随着科技的进步，作弊手段越发多样和高明。传统的抄书本、抄笔记、夹带试题、互传信息等手段由于考风考纪的加强而日渐式微，利用现代通信工具（如手机、电脑、无线设备等）考试作弊的却异军突起，这种作弊方式隐蔽性强，一般监考过程很难发现。同时，随着网络资源和信息的爆炸性增加，学生在学术活动中东拼西凑调查报告、抄袭毕业论文、伪造实验数据、剽窃他人学术成果、请人代写论文等失信现象也屡见不鲜。高等院校在诚信教育内容上应该有针对性地加强新式失信行为的教育，坚持做到“与时俱进”，使大学生在思想上树立良好的学术道德观。

二是丰富交往诚信教育内容。交往诚信教育是目前大多数高等院校进行诚信教育的主要内容。但是随着社会风气的日益开放和互联网的深入发展，大学生在人际交往的诚信上出现了新问题，特别是恋爱交往中的动机不纯问题以及网络交往中的欺诈、诽谤问题尤为严重。部分大学生恋爱只是出于缓解寂寞；而网络交往中，不少大学生都有过编造虚假信息、恶意诽谤他人、传播谣言等行为的经历。高等院校在进行大学生诚信教育时，应特别注意对学生树立正确恋爱观、责任观的教育，要摒弃传统的内敛、放任、刻意回避的爱情教育观念。同时要格外加强网络交往中的诚信教育，坚持网络普法教育和道德说服相结合，使大学生做到网络中不信谣，不传谣，不欺骗，不诽谤。

三是丰富经济诚信教育内容。大学生经济方面的问题大多表现在拖欠助学贷款、弄虚作假骗取国家助学金、恶意欠缴学费以及其他与父母、师生、社会的经济交往等方面。当前高等院校中大多数的诚信教育内容多为人际交往以及学术活动的诚实守信，经济方面的诚信教育明显缺乏，丰富经济诚信教育内容显得尤为紧迫，导致近年来校园内各种贷款违约现象时有发生，尤其是裸贷现象更引起各方人士的关注。在高等院校的诚信教育体系中，经济诚信方面的教育亟待增加。一方面，要加强法制教育和宣传。让同学们意识到拖欠助学贷款、骗取助学金、恶意欠缴学费并不是不用付出代价的行为，加强各方面法律内容的教育和普及，让同学们在将遵纪守法内化为本能行为的基础上践行经济诚信。另一方面，还要加强同学们生活作风方面的教育。由于市场经济体制不够健全，诚信保障机制尚未完善，市场经济的趋利性和效益原则导致了拜金主义、享乐主义思想的滋长，导致了社会上诚信缺失行为的大量出现，从而也影响了大学生诚信意识的树立。因而高等院校诚信教育还应扩展生活作风方面的内容，时刻教育同学们要养成艰苦朴素的生活习惯，不铺张、不浪费、不攀比，使大学生淡化甚至消除出现经济失信行为的内在动因。

四是丰富择业诚信教育内容。以往大学生在择业方面的失信主要体现在求职前简历掺水、面试中自我拔高等方面，尤其是在填写简历时避重就轻，随意夸大自身能力和特长、编造学生干部、三好学生和实习经验履历，还有不少学生伪造各类虚假资格等级证书。但是目前随着企业招聘机制及流程的完整以及劳动保护方面政策的完善，很多大学生出现了面试成功后拒签以及签约后随意毁约等失信行为。高等院校应特别加强择业时的职业诚信教育，仍然需要普及法律知识和道德说教相结合，说明毁约和跳槽等行为的正当法律程序及流程。同时强化大学生的后果意识和群体荣誉感，最大限度地降低大学生求职失信的道德成本。

五是丰富网络诚信教育内容。网络被称为“第四媒体”，是大学生接触外界信息的主要媒体，网络的普遍性使其成为了人们生活的一个重要部分，正是其信息的快速、便捷传递的特点，这也是网络教育成为大学生诚信教育的新路径的重要因素，而网络本身的主体随意性和匿名性又必须加强网络道德教育。互联网迅速发展普及，拓展了高等院校诚信教育工作的新渠道和新手段，给大学生诚信教育带来新的机遇。一是将网络诚信道德教育纳入课程体系，培养学生正确上网的法制、责任、政治、自律和安全意识。二是开拓诚信教育的新途径和新方法。探索成立诚信教育“网络课堂”，采取慕课形式，建立诚信教育在线学习系统，引入国内外优质教育资源。此外，可以建立诚信教育“微课堂”。打造立体化校园网络互动平台，实现大学生诚信教育方式向平行性交流和网络式传播形式转变，形成网上合力和正面舆论强势，积极扩大正面影响。利用微信公众号、腾讯公众号、SNS 社区等自媒体工具，实现大学生诚信教育点对点推送，和大学生进行实时交流，第一时间解决诚信相关问题，提高诚信教育的参与度①。三是发挥新媒体舆论作用，监督社会诚信。网络监督的力量是潜在的，效果却十分显著。新媒体的信息来源渠道十分广泛，传播速度快，覆盖领域广，舆论生成力强。利用新媒体的网络舆论作用，对于社会上的失信行为，从事件的来源与内容都做到实事求是，在网络中真实还原。失信行为一经网络传播，就会造成很强的社会舆论压力，有很好的批判作用，利用典型反面事例，有利于对大学里失信行为学生起到很好的警示作用，同时对社会诚信起到监督作用，对监管社会诚信环境有很大的帮助②。

① 孔难难，张博．系统论视野下大学生诚信教育困境分析与若干建议［J］．高教学刊，2015（19）：245-246.

② 孔令婕．大学生诚信问题分析及对策研究［D］．太原：中北大学，2016.

9.4.5 营造诚信社会风尚，健全诚信制度立法

生态系统视角下，大学生诚信教育生态系统的形成和演化离不开良好社会环境的营造，社会这个大环境对大学生诚信教育承担着不可推卸的责任。一方面，要打造诚信道德的社会风尚；另一方面，要对大学生的行为进行规范、引导、监督、约束甚至制裁，以强化社会诚信教育的保障机制。

（1）营造诚信道德社会风尚。

良好的社会风尚会对大学生个体的成长与发展产生直接的正效应。全社会将树立诚信观念、践行诚信行为奉为圭臬，可以使大学生时刻接受诚信理念的熏陶。寓教于行的诚信教育使得诚信意识根植于大学生的灵魂深处，使其将诚信内化为本能行动。营造诚信道德的社会风尚需要优化社会环境、提升社会风气。

一是开展全民诚信教育，优化社会环境。诚信是中华民族的传统美德，既是社会主义市场经济题中之义，也是构建和谐社会之基。马克思主义在批判了环境无用论和机械的环境决定论的同时提出科学环境论，即环境决定人，人反作用于环境，教育是在社会大环境下进行的，如果没有与教育目标相一致的环境，任何教育都显得苍白无力①。首先，要优化社会经济环境。要让诚信成为人们自觉奉行的道德准则和法律原则，最关键的是要建立健全市场竞争机制，优化社会经济环境。其次，要优化社会政治环境。规范政府信用，要切实加强政府的诚信道德建设，牢固树立起“权为民所用，利为民所谋，情为民所系”的责任心和义务感，为社会发展提供一个良好的信用平台，进而引导整个社会趋向诚实信用②。最后，充分发挥舆论

---

① 李瑞清．大学生诚信道德的时代责任与路径选择［J］．学校党建与思想教育，2010（1）：71-73.

② 杜坤林．大学生诚信道德缺失现象的多维探析［J］．当代青年研究，2009（12）：34-37.

导向的作用，加强诚信道德的宣传，倡导和弘扬诚实守信的良好风尚，树立全社会的诚信观念，从而引导大学生培养诚信意识。

二是加强网络媒体管理，大兴网络文明之风。网络媒体是新时代大学生接收信息的主要渠道，相关法律法规不健全、权威信息发布滞后、网络通信运营商社会责任感缺失等一系列问题导致了网络媒体乱象环生，十分不利于大学生诚信教育体系的建立。营造良好的社会环境，提升大学生诚信意识，必须加强网络媒体管理，从源头上控制信息质量，大兴网络文明之风。首先，从技术方面提升网络管理手段，弥补网络监管方面的技术漏洞，完善网络管理的技术保障。其次，要建立网络信息安全长效机制，树立事前预防和事后惩治并举的立法理念，规范网络空间主体的权利与义务，明确网络服务商的法律责任，制定实施一系列效力层级高、涵盖网络新兴媒体管理各个方面的国家层级的法律。再次，强化行业协会监督职能，明确网络服务商的管理责任，严格审查网络发布信息的真实性。最后，完善政府发言人制度，及时发布权威信息，主动掌握舆论导向，加强舆情应急处理能力。

（2）完善诚信道德的制度立法。

对于大学生的诚信教育，不仅要通过诚信道德的宣扬和熏陶使大学生强化内在的道德“自律”，还应依托法律和制度的“他律”来规范诚信以削弱其失信言行的内在动因。制度规范的确立使大学生诚信道德要求实现了存在形式的制度化、调节手段的强制化和作用方式的他律化。这种“他律”规范主要从推进信用立法和推进诚信制度建设来展开。

一是完善诚信法律体系，推进信用立法。法律与道德是大学生诚信教育体系的基石，道德强调的是人类精神的自律，而法律表现的是国家意志上的他律，二者相互补充、相互配合、相互渗透，缺一不可。完善诚信法律体系，规范社会行为，应该从依法治国的高度，明确诚信在我国法律体系中的重要地位，加强和完善诚实守信的法律制度及其运行机制。在全社会范围内宣传法律法规，营造“有法可依，有法必依，执法必严，违法必究”的社会氛围，引导大学生知法、懂法、守法，以法律为准绳严格要求自己的一言一行。加快推进信用体系立法，提高信用管理水平，对失信行为加大惩罚力度，丰富奖惩层次。一方面借鉴发达国家在信用管理方面的法律法规及经验，另一方面紧密结合我国实践，从奖惩两个角度出发，构建诚信法律体系。重视培养大学生的契约精神，引导大学生尊重规则、遵守承诺。

二是推进诚信制度建设，强化社会保障。识别诚信大学生，使大学生的诚信行为得到制度上的识别与认可，让大学生采取诚信行为比采取失信行为获得更多的利益，让大学生的失信行为得到惩戒，使得大学生在权衡利弊间选择诚信行为，形成诚信的良性循环机制。首先，加快建设社会信用体系，信用信息在法律允许的范围内充分公开，是社会信用体系的基础，通过立法明确隐私边界，推进信用信息公开，建立各行各业共建共管的信用数据库，促进与市场经济相适应的信用中介机构的建立和高效运转，突出信用在社会交往中的地位。其次，健全大学生诚信档案机制，拓宽大学生诚信档案内容体系，统一诚信档案评价标准，拓宽诚信档案考查人员覆盖面，沟通大学生诚信档案与社会信用体系连接渠道，提升诚信档案对学生择业的影响力，在全社会范围内提高对大学生诚信档案的重视程度。最后，完善诚信监督机制，提高家庭、学校、社会对大学生行为的监督作用，健全舆论监督机制，形成抵制失信行为的合力，共同营造良好的社会氛围。

9.4.6 强化诚信教育联系，形成诚信教育合力

生态系统理论认为系统中各个部分是有机联系、协同演化发展的。因此，在构建大学生诚信教育生态系统时，首先，要发挥大学生自身的主动

积极性，引导大学生做到诚信自律；其次，社会教育、家庭教育和学校教育三者要形成有机联系，形成教育合力。

（1）社会教育和家庭教育的联动。

社会的诚信氛围影响家庭在诚信教育上的观念和行为，进而影响大学生个体诚信意识和行为的形成。只有在社会弘扬诚信风尚的大环境下，家长才能真正认识到诚信品质对于个人成长和发展的重要作用，才能真正树立诚信教育理念，并以身作则对子女诚信“知行”的培养产生潜移默化的正效应。一方面，家长要身先士卒，自觉学习党和政府关于宣扬诚信的方针政策，自身树立起诚实守信的形象，在子女面前率先垂范。家长在接受诚信道德的社会风尚洗礼的同时，带动诚信家风的建设。另一方面，家长要根据社会现实的变化发展随时对子女进行诚信品行的灌输教育。及时对子女讲述当下社会流行的守信或失信的典型案例，起到正面学习，反面警惕的作用。同时，家长还应结合自身现实经历，加强对子女的诚信普法和制度宣传。

（2）社会教育和学校教育的联动。

学校要据诚信的社会风尚树立诚信教育理念，同时根据社会经济的发展，不断丰富诚信教育的途径和内容，坚持诚信教育的整体性与时限连续性的统一，把诚信教育贯彻到大学生学习生活的各个方面。除此之外，社会和学校诚信教育的联动还需建立起一套完整的从学校到社会的诚信档案、诚信评价体系及诚信奖惩制度。首先，建立诚信档案。诚信档案涉及内容广泛，真实记录大学生个人在校学习、生活的方方面面，各种成绩、获奖、参与社会实践、申请助学贷款和学费上缴等情况。档案便于学校和社会对学生个体有一个连续性和阶段性的掌握。其次，建立诚信评价体系。根据大学生的诚信档案，学校、社会成立相应的大学生诚信度的评估和监督部门，构建大学生诚信测评体系，对大学生诚信记录档案中包含的主要内容进行评价。在校内，它是学生评优获奖、入党、发放助学贷款的重要考核依据；走入社会，它又是求职升迁、银行信贷的考核标准。这就使诚信变成了无形的资本，在潜移默化中培养了大学生诚实守信的道德观念和法律意识。最后，建立诚信奖惩制度。在高等院校中评选各种奖、助学金、助学贷款资格和职场上各种评优评先都要以诚信档案为依据。诚信奖惩制度的建立不是一种目的，而是一种诚信教育辅助手段，这样无形中会对大学生的诚信行为形成一种约束力，鼓励大学生充分认识到个人信用的重要性①。

（3）家庭教育和学校教育的联动。

根据生态系统理论的有机联系性，大学生个体在家庭中受到的影响会以某种方式表现为其在学校中的行为，反之亦是。因而在诚信教育过程中，要保持家庭教育与学校教育沟通渠道的畅通，形成家庭教育与学校教育良性互动的局面。学校应该及时将学生的道德品行表现反馈给家长，让家长了解学校的诚信道德教育动态，并通过家长了解学生在校外的具体道德品行表现，根据学生的思想道德实际来开展教育；同时家长应积极主动地与学校和教师联系，了解学生在学校的行为表现，及时弥补和巩固学校教育，以保持学生受教育的连贯性和一致性。一方面，对于学生诚实守信的行为学校要褒奖，家庭应鼓励，家校双方形成合力，共同强化诚信在大学生心中的道德认同。另一方面，对于大学生失信的思想及言行，学校和家庭要实时沟通并进行引导教育，将大学生某些失信的思想扼杀在摇篮中的同时，避免其失信行为的扩大化。

只有大学生认同诚信的价值，才会践行诚信；同时，大学生践行诚信的过程，也是对诚信价值的认同的强化过程。因此，在家庭教育、学校教

① 刘莉莉．构建学校、家庭、社会三位一体的大学生诚信教育体系［J］．鞍山师范学院学报，2016（1）：93-96.

育和社会教育三者形成有机联系的基础上，发挥大学生的主观能动性，构建社会教育、学校教育、家庭教育和自我教育“四位一体”的大学生诚信教育生态系统，能有效地推动大学生诚信教育的开展、提升大学生诚信教育绩效，进而提高大学生诚信品质。

参考文献

[1] Albert Caruana, B. Ramaseshan, Michael T. Ewing. The Effect of Anomie on Academic Dishonesty among University Students [J]. International Journal of Educational Management, 2000, 14 (1): 23-30.

[2] David E. Purpel. The Decontextualization of Moral Education [J]. American Journal of Education, 2003, 31 (11): 125-131.

[3] De Witt C., Jr., Steven R., Beverley D., M. Roy Schwarz. Cheating in Medical School: a Survey of Second Year Students at 31 Schools [J]. Academic Medicine, 1996, 71 (3): 267-273.

[4] Dirmeyer, Jennifer, Cattwright, Alexander C. Honor Codes Work where Honesty has already Taken Root [J]. Chronicle of Higher Education, 2012, 59 (9): 27.

[5] Donald L. Mc Cabe, Linda Kleber Trevino. Academic dishonesty: honor codes and other contextual influences [J]. Journal of Higher Education, 1993, 64 (5): 522-538.

[6] Duke gives faculty power to academic cheating [J]. National On Campus Report, 2004, 32 (5): 2.

[7] Dzhaparova R. Modernization Problems of Higher Education in Kyrgyzstan [J]. Russian Education & Society, 2005, 47 (8): 80-89.

[8] Erik W. Black, Joe Greaser, Kara Dawson. Academic Dishonesty in

Traditional and Online Classrooms: does the "Media Equation" Hold True [J]. Journal of Asynchronous Learning Networks 2008, 12 (3-4): 23-30.

[9] Gilnes Jane, Phi Delta Kappan. How to Integrate Character Education into the Curriculum Education [J]. American Journal of Education, 2003, 31 (11): 146-150.

[10] Graham Haydon. Values Education: Sustaining the Ethical Environ-ment [J]. Journal of Moral Education, 2004, 33 (2): 233-238.

[11] Judith Fisher, Hansoo Kim, Sonjia Choi Lee. Stability of Religious Orientation and Academic Dishonesty [J]. Journal of Research on Christian Edu-cation, 1998, (7): 55-66.

[12] Kenedy Peter, Bisping, Timoty O., Patron, Hilde. Modeling Academic Dishonesty: the Role of Student Perceptions and Misconduct Type [J]. Journal of Economic Education, 2008, 3 (91): 4-21.

[13] Kiler Wiiam L., Kilber, Pamela Vannoy. When Students Resort to Cheating [J]. The Chroncle of Higher Education 1993, 39 (45): B1-B2.

[14] Mccabe D. L., Trevino L. K.. Individual and Contextual Influences on Academic Dishonesty: A Multicampus Investigation [J]. Research in Higher Education, 1997, 38 (3): 379-396.

[15] Mc Cabe Donald L., Drinan, Patrick. Toward a Culture of academic integrity [J]. Chronicle of Higher Education, 1999, 46 (8): B7.

[16] Mian Sajid Nazir, Muhammad Shakeel Aslam, Muhammad Musarrat Nawaz. Can Demography Predict Academic Dishonest Behaviors of Students? a Case of Pakistan [J]. International Education Studies, 2011, 4 (2): 208-217.

[17] Phyllis Curtis-Tweed. Moral and Civic Responsibility and the Commer-

cialization of Higher Education [J]. Journal of Moral Education, 2004, 33 (2): 154-159.

[18] Randy L. Genereux, Beverly A. Mc Leod. Circumstances Surrounding Cheating: a Questionnaire Study of College Students [J]. Research in Higher Education, 1995, 36 (6): 687-704.

[19] Stephen F. Davis, Cathy A., Angela H., Loretta N. Mc. Academic Dishonesty: Prevalence, Determinants, Techniques and Punishments [J]. Teaching of Psychology, 1992, 46 (8): B7.

[20] Stephen F. Davis, H. Wayne Ludvigson. Additional Data on Academic Dishonesty and a Proposal for Remediation [J]. Faculty Forum, 1995, 22 (2): 119-121.

[21] Tamera B. Murdock, Erik M. Anderman. Motivational Perspectives on Student Cheating: Toward an Integrate Model of Academic Dishonesty [J]. Educational Psychologist, 2006, 41 (3): 129-145.

[22] Valerie J. Haines, George M. Diekhoff, Emily E. La Beff, Robert E. Clark. College Cheating: Immaturity, Lack of Commitment and the Neutrallizing Attitude [J]. Research in Higher Education, 1986, 25 (4): 342-354.

[23] Victor B. Brezik. The Role of Faith in University Education [J]. American Journal of Education, 2003, 33 (11): 123-128.

[24] Zubin Austin, David Collins, Alfred Remillard. Influence of Attitudes Toward Curriculum on Dishonest Academic Behavior [J]. American Journal of Pharmaceutical Education, 2006, 70 (3): 1-9.

[25] 钞秋玲，李秀岭，马治国. 美国大学生的学术不诚信及其防范措施 [J]. 大学·研究与评价，2009 (1): 31-35.

[26] 陈卫平. 构建大学生诚信教育体系的思考 [J]. 中国成人教育，

2008（14）：61-62.

［27］陈锡敏. 大学生诚信教育的三个维度［J］. 高校理论战线，2011（2）：48-50.

［28］陈勇. “四位一体”大学生诚信道德教育模式的构建［J］. 黑龙江高教研究，2013（7）：139-141.

［29］邓凤香. 大学生诚信教育的功能定位［J］. 广西社会科学，2008（7）：208-210.

［30］杜坤林. 当代大学生道德价值观构架的路径及其实现［J］. 中国高等教育，2011（12）：52-53.

［31］付艳. 美国斯坦福大学的诚信标准初探［J］. 世界教育信息，2008（3）：37-39.

［32］付子堂，类延村. 诚信的自由诠释与法治规训［J］. 法学杂志，2013（1）：1-11.

［33］高云志. 大学生诚信教育的现状分析及对策研究［D］. 上海：复旦大学，2010.

［34］顾慕娴. 大学生诚信教育制度建设新探［J］. 广西民族大学学报：哲学社会科学版，2008（9）：172-175.

［35］管文娟，吴继霞. 大学生诚信缺失行为的社会学习理论阐释［J］. 江苏大学学报：高教研究版，2005（4）：55-58.

［36］郭敬，张学娟. 大学生诚信评价体系研究［J］. 征信，2010（6）：16-18.

［37］何芹. 大学生诚信评价指标体系及评价模型构建［J］. 财会通讯，2008（9）：29-31.

［38］何小春. 大学生诚信道德建设的双重路径［J］. 思想教育研究，2009（5）：92-95.

[39] 何小春. 生态视野下大学生诚信教育的系统架构 [J]. 广西社会科学，2009 (7)：100-103.

[40] 何玉娟. 高校大学生诚信评价研究 [D]. 大庆：大庆石油学院，2009.

[41] 金炳华. 大学生诚信缺失现象与高校诚信教育 [J]. 思想政治教育研究，2006 (6)：84-85.

[42] 金春寒，揭财明，徐建. 大学生诚信品质的塑造与培养途径探析 [J]. 教育理论与实践，2015 (30) 40-41.

[43] 孔难难，张博. 系统论视野下大学生诚信教育困境分析与若干建议 [J]. 高教学刊，2015 (19)：245-246.

[44] 赖肖曼. 大学生诚信伦理道德与高校思想政治教育 [J]. 黑龙江高教研究，2006 (12)：95-97.

[45] 李洪伟，宋平，王炳成. 大学生诚信的关键影响因素分析 [J]. 高教发展与评估，2011 (3)：102-107.

[46] 李洪伟，王炳成，陶敏. 大学生诚信的影响因素分析——基于结构方程模型的实证 [J]. 管理评论，2012 (8)：170-176.

[47] 李嘉. 大学生诚信教育建设研究 [D]. 长春：长春理工大学，2007.

[48] 李宗桂. 大学生诚信危机的现状及对策探讨 [J]. 技术与市场，2006 (1)：58-59.

[49] 刘继荣. 大学生诚信素质的培养与重建 [J]. 思想教育研究，2011 (9)：93-95.

[50] 刘静. 大学生诚信教育生态链的形成机理分析 [J]. 江苏高教，2011 (5)：116-117.

[51] 刘静. "正义与关怀"——大学生诚信教育的核心理念 [J]. 河

北师范大学学报：教育科学版，2010（6）：73-76.

［52］刘震. 大学生诚信教育研究［D］. 合肥：安徽财经大学，2012.

［53］刘志超. 大学生诚信道德的经济学分析与思考［J］. 科学社会主义，2009（1）：90-93.

［54］吕伟珊. 教育者诚信是大学生诚信教育的关键［J］. 卫生职业教育，2006（16）：15-16.

［55］罗洪铁，温静. 改革开放30年大学生诚信教育内容创新研究［J］. 思想教育研究，2008（8）：8-11.

［56］马安勤，马骏，杨志群. 大学生诚信教育：问题、机制与方向［J］. 华南农业大学学报：社会科学版，2008（3）：148-152.

［57］秦艳. 美国大学生诚信教育及其对我国大学生诚信教育的启示［D］. 重庆：西南大学，2009.

［58］阮博. 近年来学术界关于政治诚信研究述评［J］. 理论与改革，2013（6）：205-208.

［59］史瑞杰. 诚信导论新编［M］. 北京：北京大学出版社，2015.

［60］索凯峰. 略论经济类高校大学生诚信教育体系的构建［J］. 武汉科技学院学报，2006（2）：94-96.

［61］汤华成，刘佳丽. 网络环境下大学生诚信教育模式研究［J］. 大庆师范学院学报，2013（5）：158-160.

［62］唐武英. 生态系统理论视角下的大学生诚信问题研究——以乌鲁木齐高校为例［D］. 乌鲁木齐：新疆财经大学，2014.

［63］田德新. 美国高校的学术自由与学术诚信［J］. 外语教学，2003，24（4）：93-95.

［64］汪倩. 当代大学生诚信教育研究［D］. 兰州：西北师范大学，2014.

［65］王广飞．当代大学生诚信教育的现实困境与多维机制构建［J］．黑龙江高教研究，2016（3）：50-52.

［66］王建州．充分发挥制度在大学生诚信品质培育中的作用［J］．中国高等教育，2014（2）：59-60.

［67］王金龙．大学生诚信教育探析［J］．中国成人教育，2007（12）：12-13.

［68］王雪岩．社会信用体系下大学生诚信教育机制的构建［J］．征信，2015（11）：57-59.

［69］王永辉，蔡雅萱，李春晖．当代大学生诚信缺失现状、成因及教育对策研究［J］．河北科技大学学报：社会科学版，2010（1）：108-112.

［70］旺珍．大学生诚信缺失及对策探讨［J］．西藏大学学报，2011（1）：8-9，15.

［71］温浩．如何构建高校大学生诚信教育机制［J］．北京大学学报：哲学社会科学版，2010（2）：23-26.

［72］吴继霞，黄希庭．诚信结构初探［J］．心理学报，2012，44（3）：354-368.

［73］吴继霞，黄希庭．诚信心理学研究的理论思考［J］．西南大学学报：社会科学版，2010（11）：7-12.

［74］肖艳红．构建大学生诚信教育体系的研究［D］．大庆：东北石油大学，2013.

［75］谢怀平．新形势下大学生诚信教育中的自律机制研究［J］．求知导刊，2016（3）：5-6.

［76］徐柏才．诚信道德的历史渊源与大学生诚信教育［J］．中南民族大学学报：人文社会科学版，2008（1）：177-180.

［77］徐大建，赵果．古今诚信之辩——基于中西比较的视角［J］．伦

理学研究，2014（1）：45-51.

［78］徐峰. 对大学生信用教育问题的思考［J］. 东北大学学报：社会科学版，2003（5）：232-234.

［79］许瑞芳. 大学生的诚信道德教育［J］. 当代青年研究，2002（6）：25-26，14.

［80］杨阅，赵海月. 大学生诚信缺失的根源及抑制方法［J］. 黑龙江高教研究，2008（1）：121-124.

［81］叶祖淼. 政治诚信论［D］. 福州：福建师范大学，2011.

［82］张俊. 诚信教育在国外［J］. 基础教育，2006（10）：30.

［83］张雷婷. 当代大学生诚信教育体系构建研究［D］. 南昌：南昌大学，2012.

［84］张萌. 新形势下大学生诚信教育研究［D］. 太古：山西农业大学，2013.

［85］张文学. 大学生诚信综合评价体系研究［J］. 大学教育，2016（3）：78-79.

［86］张鑫. 大学生诚信教育的现状及对策研究［D］. 太古：山西农业大学，2015.

［87］周文翠. 大学生诚信教育体系的四维构建［J］. 黑龙江高教研究，2009（2）：118-120.

附录一

大学生诚信教育系统调查问卷（学生）

亲爱的同学：

您好！

为进一步了解大学生诚信教育系统的情况，我们制作了这份问卷，希望通过抽样调查了解大学生诚信教育系统的现状。感谢您在百忙之中抽时间填写这份问卷，问卷采取匿名方式填写，所有数据仅供学术研究之用，对您所提供的资料绝对保密，敬请您根据实际情况逐项认真作答，以确保本次研究的可靠性和准确性，衷心感谢您的支持与合作。

大学生诚信教育生态系统课题组

2016 年 9 月

个人资料：

性别：　A. 男　　B. 女

您是______年级学生，班级容量：______人/班，专业：______

A. 大一　B. 大二　C. 大三　D. 大四

学校类型：A. “985”院校 B. “211”院校 C. 其他院校

您觉得所在班级大学生整体诚信情况如何：______

A. 优秀　B. 良好　C. 中等　D. 合格　E. 差

1. 对于下列问题，您所了解的情况如何？

	没有	很少	较多	非常多	全部
任课教师具有严谨的治学精神					
任课教师能以自身为榜样，言行一致					
学校行政人员能热情真诚地为学生服务					
学校行政人员能严格按章办事、不徇私舞弊					
学校行政人员具有强烈的诚信意识					
学校后勤管理人员能做到服务到位					

2. 家长对您诚信的影响如何？

	没有	很少	偶尔	经常	每次
家长是否所有事情都树立了诚信榜样					
家长是否能关心和了解您的心理状态变化					
家长是否对您的诚信行为做过表扬					
当家长知道您没有信守诺言的时候，是否对失信做过惩罚					

3. 您对于主动学习思想政治理论课，提升自己的诚信观的行为有什么看法？

A. 很不满意　B. 不太满意　C. 一般　D. 比较满意　E. 非常满意

4. 在日常生活中，您对于知法守信的了解程度有多少？

A. 完全不了解　B. 了解一点　C. 大概了解　D. 基本了解

E. 完全了解

5. 您如何看待失信之后的惩罚措施（例如大学生骗保）？

A. 坚决反对　B. 不同意　C. 无所谓　D. 支持　E. 完全认同

6. 您如何看待在学习上的诚信？

	完全认同	可以理解	中立	反对	不能容忍
您如何看待考试作弊或者进行了作弊准备的行为					
您如何看待上课早退					
您如何看待无故旷课					
您如何看待代人签到					
如果您的同学成绩不太好，试图通过“送礼”、请老师吃饭等方式提高成绩，您的态度如何					

7. 您如何评价同学在桌椅或者墙体乱写、乱画等行为？

A. 完全认同　B. 可以理解　C. 中立　D. 反对　E. 不能容忍

8. 您的同学出现以下现象的情况如何？

	很多	较多	有，但较少	很少	没有
在借阅的图书上撕页					
轻诺寡信、“放鸽子”等失信行为					

9. 同学中存在推销“高价低质”产品的情况吗？

A. 非常普遍　B. 比较普遍　C. 不普遍　D. 个别现象　E. 不存在

10. 是否有同学存在偷盗他人钱财的行为？

A. 很多　B. 较多　C. 有，但较少　D. 很少　E. 没有

11. 根据您了解的情况，同学在申请助学贷款、国家助学金时，有无虚假贫困证明现象？

A. 很多　B. 较多　C. 有，但较少　D. 很少　E. 没有

12. 根据您了解的情况，是否有特困生个人消费水平与其实际家庭经济状况不符的现象？

A. 非常普遍　B. 比较普遍　C. 有，但不普遍　D. 个别现象

E. 不存在

13. 您如何看待以下行为？

	完全认同	可以理解	中立	反对	不能容忍
无故拖欠学费、住宿费					
学生就业过程中荣誉证书造假这种行为					
学生就业过程中就业合同违约这种行为					
班干部弄虚作假这种行为					
班干部为个别人“谋福利”这种行为					

14. 根据您了解的情况，是否有同学存在以下行为？

	很多	较多	有，但较少	很少	没有
利用网站、QQ、微信、微博等网络手段发表不实言论、转发虚假信息等行为					
利用专业知识，通过网站、QQ、微信、微博等网络手段从事违法犯罪行为					

15. 根据您的自身情况，如何评价自己的“事事讲诚信”行为？

A. 很不满意　B. 不太满意　C. 一般　D. 很满意　E. 非常满意

16. 您如何理解“在熟人面前讲诚信，在生人面前易欺骗”这种现象？

A. 完全认同　B. 可以理解　C. 中立　D. 反对　E. 不能容忍

17. 您如何评价自己在日常生活中，反思自己日常行为讲诚信的行为？

A. 很不满意　B. 不太满意　C. 一般　D. 很满意　E. 非常满意

18. 您如何看待将诚信意识与当下的生活实例结合，感知世界？

A. 很不赞同　B. 不太赞同　C. 说不清楚　D. 比较赞同　E. 非常赞同

19. 您如何评价“3·15 晚会”对大学生诚信建设的作用？

A. 很不满意　B. 不太满意　C. 一般　D. 很满意　E. 非常满意

20. 您如何评价学校开展有关诚信职业教育的活动？

A. 很不满意　B. 不太满意　C. 一般　D. 很满意　E. 非常满意

21. 如何评价大学生学习诚信相关法律对诚信建设的重要性？

A. 很不满意　B. 不太满意　C. 一般　D. 很满意　E. 非常满意

22. 您对于学校将诚信教育纳入到课堂教学中有什么看法？

A. 坚决反对　B. 不同意　C. 无所谓　D. 支持　E. 完全认同

23. 诚信教育作为学校教育考核的重要内容，您认为多长时间考核一次合适？

A. 四个学期以上　B. 每四个学期　C. 每三个学期　D. 每两个学期　E. 每学期

24. 在学校诚信教育中，相关活动的开展情况如何？

	没有	很少	偶尔	经常	每天
开展与诚信有关的专题教育或者讲座					
举办与诚信有关的承诺书签名活动					
举办与诚信有关的辩论赛					
利用校园广播宣传对失信行为进行曝光					
利用宣传栏对诚信行为进行褒奖					
利用校园公众号对诚信行为进行褒奖					

25. 您如何看待学校利用线上、线下两种渠道以咨询的方式引导学生讲诚信？

A. 不存在　B. 个别现象　C. 不普遍　D. 比较普遍　E. 非常普遍

26. 您如何看待您和老师之间的交流？

A. 很不真诚　B. 不真诚　C. 说不清楚　D. 比较真诚　E. 非常真诚

27. 对于以下问题，您的看法是什么？

	很不满意	不太满意	一般	很满意	非常满意
学校与家长为了共同营造良好诚信氛围所采取的努力，比如：及时沟通、互动					
您对学校建立的诚信档案的态度					
您对学校建立的诚信评价标准的态度					
您对学校诚信奖励制度作何评价，比如：将诚信情况与评三好学生、奖学金等挂钩					
您对学校失信惩罚制度如何评价，比如：将失信情况与校内警告、开除学籍等挂钩					

28. 如果您所就读的学校将信用记录随档案转入用人单位，您的态度是怎样的？

A. 坚决反对　B. 不支持　C. 中立　D. 支持　E. 强烈支持

29. 对于以下问题，您如何评价？

	很不满意	不太满意	一般	很满意	非常满意
学校形成的学生、任课教师等人人参与、践行诚信的氛围					
校园中褒扬诚信的氛围					
校园中批评失信的氛围					
政府行为讲诚信的程度					
社会信用体系完备度，比如个人信用记录等					
社会诚信氛围					
如果将您的家长描述为：只注重您的学习成绩，而对您的诚信意识持无所谓态度，您的态度是怎样的					

续表

	很不满意	不太满意	一般	很满意	非常满意
个人家庭生活中的诚信氛围					
网络媒体对事件报道能做到客观公正					
网络诚信氛围					

附录二

大学生诚信教育系统调查问卷（教师）

尊敬的老师：

您好！

为进一步了解大学生诚信教育系统的情况，我们制作了这份问卷，希望通过抽样调查了解大学生诚信教育系统的现状。感谢您在百忙之中抽时间填写这份问卷，问卷采取匿名方式填写，所有数据仅供学术研究之用，对您所提供的资料绝对保密，敬请您根据实际情况逐项认真作答，以确保本次研究的可靠性和准确性，衷心感谢您的支持与合作。

大学生诚信教育生态系统课题组

2016 年 9 月

个人资料：

性别： A. 男　　B. 女

您是______（所在学院或者部门名称）的辅导员或者教师

指导或任课的班级容量：______人/班，专业：______

您觉得指导或任课的班级大学生整体诚信情况如何：______

A. 优秀　B. 良好　C. 中等　D. 合格　E. 差

1. 对于下列问题，您所了解的情况如何？

	没有	很少	较多	非常多	全部
任课教师具有严谨的治学精神					
任课教师能以自身为榜样，言行一致					
学校行政人员能热情真诚地为学生服务					
学校行政人员能严格按章办事、不徇私舞弊					
学校行政人员具有强烈的诚信意识					
学校后勤管理人员能做到服务到位					

2. 您如何看待学生的学习、生活诚信？

	完全认同	可以理解	中立	反对	不能容忍
考试作弊或者进行了作弊准备的行为					
上课早退					
无故旷课					
代人签到					
如果您的学生成绩不太好，试图通过“送礼”、请老师吃饭等方式提高成绩，您的态度如何					

3. 您如何评价学生在桌椅或者墙体乱写、乱画等行为？

A. 完全认同 B. 可以理解 C. 中立 D. 反对 E. 不能容忍

4. 您的学生出现以下现象的情况如何？

	很多	较多	有，但较少	很少	没有
在借阅的图书上撕页					
轻诺寡信、“放鸽子”等失信行为					

5. 学生中存在推销“高价低质”产品的情况？

A. 非常普遍 B. 比较普遍 C. 不普遍 D. 个别现象 E. 不存在

6. 是否有学生存在偷盗他人钱财的行为？

A. 很多 B. 较多 C. 有，但较少 D. 很少 E. 没有

7. 学生在申请助学贷款、国家助学金时，有无虚假贫困证明现象？

A. 很多 B. 较多 C. 有，但较少 D. 很少 E. 没有

8. 是否有特困生个人消费水平与其实际家庭经济状况不符的现象？

A. 非常普遍 B. 比较普遍 C. 有，但不普遍 D. 个别现象 E. 不存在

9. 您如何看待学生以下行为？

	完全认同	可以理解	中立	反对	不能容忍
无故拖欠学费、住宿费					
学生就业过程中荣誉证书造假这种行为					
学生就业过程中就业合同违约这种行为					
班干部弄虚作假这种行为					
班干部为个别人“谋福利”这种行为					

10. 根据您了解的情况，是否有学生有以下行为？

	很多	较多	有，但较少	很少	没有
利用网站、QQ、微信、微博等网络手段发表不实言论、转发虚假信息等行为					
利用专业知识，通过网站、QQ、微信、微博等网络手段从事违法犯罪行为					

11. 您的学生是否做到“事事讲诚信”？

A. 没有 B. 很少 C. 有，但较少 D. 较多 E. 很多

12. 您所在的学校在大学生诚信教育中，是否有以下行为？

	没有	很少	有，但较少	较多	很多
传统美德教育与现实生活中新鲜事例相结合					
反映时代精神的先进事迹与社会热点、焦点及难点问题相结合					
职业诚信教育					
法治教育					
诚信教育纳入到课堂教学					

13. 诚信教育作为学校教育考核的重要内容，您认为多长时间考核一次合适？

A. 四个学期以上　B. 每四个学期　C. 每三个学期　D. 每两个学期

E. 每学期

14. 在学校诚信教育中，相关活动开展情况如何？

	没有	很少	偶尔	经常	每天
开展与诚信有关的专题教育或者讲座					
举办与诚信有关的承诺书签名活动					
举办与诚信有关的辩论赛					
利用校园广播宣传对失信行为进行曝光					
利用宣传栏对诚信行为进行褒奖					
利用校园公众号对诚信行为进行褒奖					

15. 如何看待学校利用线上、线下两种渠道以咨询的方式引导学生讲诚信？

A. 不存在　B. 个别现象　C. 不普遍　D. 比较普遍　E. 非常普遍

16. 如何看待您和学生之间的交流？

A. 很不真诚　B. 不真诚　C. 说不清楚　D. 比较真诚　E. 非常真诚

17. 对于以下问题，您的看法是怎样的？

	很不满意	不太满意	一般	很满意	非常满意
学校与家长为了共同营造良好诚信氛围所采取的努力，比如：及时沟通、互动					
您对学校建立的诚信档案的态度					
您对学校建立的诚信评价标准的态度					
您对学校诚信奖励制度作何评价，比如：将诚信情况与评三好学生、奖学金等挂钩					
您对学校失信惩罚制度如何评价，比如：将失信情况与校内警告、开除学籍等挂钩					

18. 如果学校将学生信用记录随档案转入用人单位，您的态度是怎样的？

A. 坚决反对　B. 不支持　C. 中立　D. 支持　E. 强烈支持

19. 对于以下问题，您如何评价？

	很不满意	不太满意	一般	很满意	非常满意
学校形成的学生、任课教师等人人参与、践行诚信的氛围					
校园中褒扬诚信的氛围					
校园中批评失信的氛围					
政府行为讲诚信的程度					
社会信用体系完备度，比如个人信用记录等					
社会诚信氛围					
网络媒体对事件报道能做到客观公正					
网络诚信氛围					

/后　记

本书为笔者主持完成的教育部人文社会科学研究专项任务项目“基于生态系统视角的大学生诚信教育体系建设研究”（批准号：15JDSZ2019）的最终完稿，参与本书撰写和相关课题研究的成员主要有宋新平、李涛、李青、张素玲、高欢、宋慈、王乃磊、刘霄、王岩、薛一冰、李佳钰、张贵等。

在本书付梓之际，衷心感谢协助笔者开展课题研究的兄弟院校，不仅使本课题得以顺利开展，掌握了大量相关的一手资料和数据，还通过大量的调研采访接触了现实，了解到我国高等院校大学生诚信生态现状。感谢教育部思政司思教处的指导和扶持，感谢天津市社会科学院党组书记、院长史瑞杰教授，天津师范大学党委副书记宁月茹研究员等领导专家在诚信研究领域及工作实践上给予的意见和建议，感谢天津师范大学党委学工部、马克思主义学院各位同人的大力支持，还要感谢在调研中给予无私帮助、配合的个人、单位和企业。

感谢经济管理出版社主任申桂萍和责任编辑姜玉满、高娅，她们的无私付出和出色工作为本书增色不少，也正是有这些热心人的帮助，才使我们的研究成果得以很快面世。